Elisabeth Ditzenbach · Meine Not ist mein Glück

Elisabeth Ditzenbach

Meine Not ist mein Glück

Neun weitere Jahre aus dem
Tagebuch einer Familie

Ernst Franz Verlag · Metzingen

ISBN 3-7722-0169-5

Copyright 1979 Ernst Franz-Verlag
Alle Rechte vorbehalten
Umschlaggestaltung: Grafisches Atelier Arnold
Herstellung: Heinzelmann-Druckservice, Metzingen
Printed in Germany

INHALTSÜBERSICHT

Unser gemeinsamer Weg	6
Sommerfreuden	7
Großmutters Geburtstag	11
Urlaub 1970	17
Ihr Matten lebt wohl	34
Der Trost in der Nacht	41
Es ist jetzt alles anders	52
Berufstätig	57
Ein neuer Sommer	66
Weihnachtlicher Besuch	74
Der Sprung ins Ungewisse	77
Eine schlaflose Nacht	81
Hilde	88
Alltagssorgen	90
Ein Unterfangen	95
Und wieder ist es Sommer	99
Susanne	104
Immer wieder die große Aufgabe: Mirjam	106
Im Herbst noch ein Hauch vom Sommer	108
Ein Christ ist nicht isoliert	114
Mirjam kommt in die Schule	118
Wenn der Sturzhelm unterm Christbaum liegt	125
Ein Tagesablauf	130
An mir und meinem Leben	140
Was ist Urlaub?	143
Unsere tägliche stille Zeit	149
Mirjam	161

Auch in diesem Buch werden die Erlebnisse mit Mirjam das Geschehen als roter Faden durchziehen. Denn sie ist ein wesentlicher Teil unseres täglichen Lebens, und auf ihre Besonderheiten muß sich die ganze Familie bewußt und unbewußt immer wieder einstellen.
Jetzt, in diesem Frühjahr, drängt sich mir aber mit wachsendem Erschrecken die Erkenntnis auf, daß wir unser Leben nicht wie bisher weiterleben dürfen. Am Anfang unseres Weges mit Mirjam hat ein Arzt einmal geäußert: »Vergessen Sie Ihre anderen Kinder nicht. Ich weiß nicht, ob es das eine kranke Kind wert ist, Wichtigstes darüber zu versäumen.«
Vier Jahre sind es nun her, daß er diese Worte gesagt hat. Sie sind in Vergessenheit geraten, und das war gut so. Aber jetzt erinnere ich mich wieder an sie und werde hellwach. Den Schmerz, der sich bei dem nun einsetzenden langsamen Umdenken einstellt, kann ich kaum ertragen. Langsam wird mir klar, daß sich nicht die ganze Familie nur auf dieses kranke Kind ausrichten kann. Wir können nicht alle anderen Ziele völlig aufgeben und uns nur mit der Krankheit dieses einen Kindes beschäftigen. Ich muß Mirjam zwar mit meiner ganzen Liebe behalten. Aber ich muß meine Kraft auch auf meinen Mann und die beiden Buben konzentrieren. Das ist die schwerere Aufgabe; die leichtere wäre, nur Mirjam im Sprechen weiterzuhelfen, mit ihr zu turnen und sie mit den ersten Anfängen des Lesens bekanntzumachen. Vor vier Jahren, 1966, war es umgekehrt. Da wäre es bequemer gewesen, Mirjam ihrer Entwicklung zu überlassen und sich den Jungen zu widmen. Heute ist es jedoch meine erste Pflicht, die Erziehung der Buben fest in die Hand zu nehmen.
Diese zweite furchtbare Erkenntnis ist fast so traurig wie die erste im Herbst 1966, als unser geistig behindertes Töchter-

chen geboren wurde; doch jetzt wird sie gemildert durch die Gewohnheit des Zusammenlebens auf der bisherigen Wegstrecke mit diesem Kind. Wieviel Liebe enthielt sie doch trotz allem Schweren!

Dieses Problem, das Zurücktreten von Mirjam für eine Zeitspanne von einigen Jahren und das Hervortreten der Sorge für die gesunden Kinder und für unsere gesamte Familie, tritt in diesem Buch in seiner ganzen Offenheit zutage – ohne Beschönigung oder Entstellung.

SOMMERFREUDEN *Juni 1970*

Wie schwingt sich in dieser anbrechenden Sommerzeit die Seele befreit nach oben! Sie stimmt ein in dieses Frühlings-Freudenlied, das ein hervorbrechender Dank an den Schöpfer ist, der seine Verheißung wieder wahrgemacht hat, daß Samen und Ernte nicht aufhören sollen, der wieder die freundliche Jahreszeit geschenkt hat, die Zeit des Wirkens, des Schaffens, des Sammelns, der Kräftigung und erneuten Wiedervorbereitung auf die Zeit der Nacht.
So bringt der Großteil der Tage Sonne und Wärme. Von morgens bis abends sind unsere drei Kinder im Freien. Micha, der Achtjährige, ist vormittags in der Schule. Der sechsjährige Martin und die vierjährige Mirjam spielen zusammen im Garten. Es stellt für mich eine ungemein große Entlastung dar, wenn die Kinder im Freien sein können. Ganz besonders freue ich mich über die sonnigen, warmen Tage für Mirjam, unser Sorgen- und Segenskind. Da findet sie draußen immer irgendeine Beschäftigung im Sandkasten oder beim Radfahren, beim Puppenspiel oder beim Autofahren im Liegebett. Dieses Autospiel ist natürlich eine Erfindung der Buben. Man kann es bei Regen auch auf der Terrasse spielen. Mirjam wird von den Buben einfach mitgerissen und lernt an ihrem Beispiel wie von selbst, wie

man alles anzupacken hat. Sie stellt sich dann hin, sieht ihnen zu, und dann macht sie es so gekonnt nach, als ob sie noch nie etwas anderes getan hätte. So hat sie schon richtig Schaukeln gelernt. Auch das Hacken in den Blumenbeeten macht ihr großen Spaß, und sie versteht es recht gut, mit den einzelnen Geräten umzugehen. Zwar hat das manch schöner Pflanze das Leben gekostet – doch was tut's? Bei uns heißt es immer: »Helf, was helfen mag«; es wird alles getan und alles geduldet, was diesem schwächeren Kind hilft. Da kann man auf größere oder kleinere Schäden keine Rücksicht nehmen. Zum Glück schmunzeln unsere Nachbarn wohlwollend über uns, denn sie wissen ja Bescheid und drücken ein Auge zu, wenn der Ball eben auch einmal in ihr Blumenbeet fällt.

Kürzlich durften die Kinder ein kleines Gartenfest veranstalten. Micha fragte mich, ob er seine Freunde einladen dürfe; daraufhin wollte Martin auch, und zuletzt hatten sich acht Kinder eingefunden.

Unsere Buben hatten auch noch den großen Wunsch, alles selbst vorzubereiten. Gut, sie sollten ruhig für Unterhaltung, Speise und Trank sorgen und zusehen, wie sie ihre Kameraden zufriedenstellen wollten. Eigentlich war ich erfreut über die Anregung zu diesem kleinen Gartenfest, weil es mir auch zeigte, wie unbefangen die Geschwister Mirjam gegenüber waren, daß sie gar keine Hemmungen hatten, ihr behindertes Schwesterchen den anderen zu zeigen, es mitspielen zu lassen. Sie dachten überhaupt nicht daran, daß sich jemand daran stoßen könnte. Wie glücklich man über diese kindliche Einfalt ist! Wenn man es recht überdenkt, sehnt man sich selbst immer wieder zu ihr zurück und wünscht sich auch in seinem Innersten, diese Einfalt bewahren zu können, sich in ihr bewegen zu können. Wieviel Ärger würde da an einem vorbeigehen!

Unter dem großen Apfelbaum war bald ein herrlich gedeckter Tisch bereit. Für entsprechende Tischmusik war auch gesorgt; die Mundharmonikas und Flöten lagen bereit, und so konnte die »Party« beginnen. Was an Kuchen und sonstigen Schleckereien im Haus war, verschwand lautlos im Garten. Es wurde eine ausgedehnte Mahlzeit, und man merkte förmlich, wie es alle genossen, die Schlemmerei möglichst in die Länge zu ziehen. Doch endlich wußten sie offenbar keine Späßchen und Sprüche mehr, die Bäuche schienen auch voll zu sein – und so konnte ich anfangen abzuräumen und das erste Geschirr abzuwaschen. Die Kinder sahen natürlich davon ab, sich daran zu beteiligen.

Als besondere Attraktion wurde im Garten eine Dusche gebaut. Zu diesem Zweck banden die Kinder das Ende des Gartenschlauches an einen Ast des Apfelbaumes und ließen ihn ein Stück herunterhängen. Dann wurde der Wasserhahn aufgedreht, und die Dusche war fertig. Mit viel Geschrei und mehr oder weniger Sträuben sprangen und hüpften die Kleinen unter den kühlen Strahl. War das eine Freude! Das Vergnügen war grenzenlos, und ich fürchtete, daß bald der Garten unter Wasser stehen würde. Es hatte sich schon ein recht großer See gebildet.

Was konnte ich mir nur einfallen lassen, daß sie davon abkamen? Ich konnte die Freude der Kinder nicht mit einem plötzlichen Verbot trüben. Ja, das war's: ein kleines Abendbrot mit Gewinnverlosung. Ich nahm schnell das Fahrrad, fuhr zur Buchhandlung und kaufte einige kleine Geschenkchen. Das würde ein netter Abschluß werden.

Inzwischen war die Bande doch etwas müde geworden, und so konnte ich sie dazu bewegen, daß sie zum Abfrottieren auf die Terrasse kamen. Als die Kinder sahen, was ich schnell noch hergerichtet hatte, hüpften sie um den Tisch herum und konnten gar nicht fassen, daß diese Herrlichkeiten alle für sie bestimmt waren. Manierlich verspeisten sie aber dann die Käsebrötchen, und man sah ihren glühenden Gesichtern höchste Zufriedenheit an.

Ich hatte Mühe, die Kinder ins Bett zu bringen, so sehr schwärmten sie von diesem Tag, an dem wir zusammen ihre Freunde so zufrieden und glücklich machen konnten. Ein Großteil der anderen Kinder hatte das wohl noch nie erlebt. Denn echtes Kinderglück wird von vielen Eltern unterdrückt durch ihr ängstliches Wachen über den herrlichen und zentimetergenau geschnittenen Rasen, über die peinlich sauber geputzte Terrasse mit den eingewachsten Klinkersteinen. Undenkbar, daß im Goldfischteich die heißen Füße gekühlt werden, das Wasser könnte trüb werden; der Teich ist nur zum Anschauen da. Undenkbar, daß die Eltern beim Heimkommen am Abend Ball-Abdrücke und Spuren von Kinderfüßen in der Gartenerde entdecken. Kleinlichkeit richtet eine graue Mauer vor der Kinderseele auf, die nach Freude verlangt, und im Kind setzt sich Gleichgültigkeit fest, die so manche guten Regungen unterdrückt und verschüttet.

Tag für Tag erlebe ich bettelnde Nachbarskinder an der Haustüre. Mit verlangenden Augen sehen sie mich an und fragen mich um die Erlaubnis, im Garten mit unseren Kindern zu spielen, unbeschwert umherzutollen, etwas Unmögliches tun zu dürfen – wie z.B. die Leiter vom Stockbett zu holen und aufs Garagendach zu klettern, die weiße Wand mit Dreck zu beschmieren und sie nachher wieder mit dem Schlauch abzuspritzen, allerlei Kram in den Lichtschacht zu werfen und nachher das schwere Gitter wegzuheben, eine Leiter hinunterzulassen und die Sachen unter viel Seufzen über die schwere Arbeit wieder ans Tageslicht zu bringen. Das sind die allerschönsten Spiele; die Kinder haben den Eindruck, etwas Richtiges geschafft zu haben.

Natürlich habe auch ich Mühe, beim Anblick dieser Bescherungen nicht in Ohnmacht zu fallen, mir nichts anmerken zu lassen, sondern alles wieder in Ordnung zu bringen. Aber ich halte diese Spiele für erforderlich; sonst können

die Kinder ihren Schaffensdrang nicht anbringen oder an der falschen Stelle. Ach, nur einmal sind sie klein und gehören einem in ihrer Einfalt!
Ich sage das immer zu Mark, wenn er über die eigenen und fremden Kinder, die so viel Unordnung und Unruhe ins Haus bringen, unwillig wird. Eine Zeitlang halte ich mich sogar an die Bitte meines Mannes, keine fremden Kinder mehr hereinzulassen. Aber irgendwann werde ich wieder weich – und lasse auch die fremden Kinder Wärme und Zuneigung spüren. Sie dauern mich. Und es ist auch unsere Pflicht: wer Kinder lieb hat, darf diese Liebe nicht auf eigene Kinder begrenzen.

GROSSMUTTERS GEBURTSTAG *12. Juli 1970*

Ich halte es immer für sehr wichtig, daß die Kinder auch zu ihren Großeltern Kontakt haben. Denn hier erfahren sie ein großes Stück Geborgenheit, besonders von der Großmutter, die auf Grund ihrer Erfahrung über den kleinen Dingen und auch über den kleinen Ungezogenheiten steht; sie übersieht sie in ihrer Liebe und Fürsorge. Ja, es ist allein die Liebe und Güte, die sie für die Kinder so anziehend macht, und ich möchte sagen, die Kinder brauchen ab und zu diese abgeklärte Güte der Großmutter, in der sie sich geborgen und wohl fühlen und in der der Zwang der Erziehung wegfällt. Und ich habe auch gemerkt, daß sie das Fehlen der Kontrolle durch die Eltern nicht einmal ausnützen. Sie genießen einfach diese innere Freiheit und fühlen sich darin wohl.
Ich weiß noch, ich selbst hatte eine strenge Großmutter vom alten Schrot und Korn. Man mußte sich jederzeit manierlich und besonders bei Tisch gesittet benehmen. Von unseren Eltern wurde uns das vor jedem Besuch eindringlichst ein-

geschärft, und das nahm mir schon die halbe Freude. Natürlich mußte da einmal eine Panne passieren. Es geschah an einem Sonntag beim Mittagessen. Die Großmutter hatte mich vorher mit ihrer Kleinlichkeit sehr geärgert. Da rügte sie mich wieder, vor allen Leuten bei Tisch, und – ich streckte ihr die Zunge heraus. Zum Glück wußten meine Eltern gleich, was sie zu tun hatten, und lenkten die Aufmerksamkeit und das Interesse der Großmutter rasch auf ein neutrales Gebiet, so daß mir weiter nichts passierte. Für dieses Feingefühl und Geschick bin ich ihnen heute noch dankbar. Sie wußten genau, daß gute Erzieher Kinder nicht ärgern. Vor allem sind sie uns, die wir heute selbst Kinder erziehen müssen, ein ständiges Vorbild. Äußere Umstände und Gewohnheiten in der Erziehung ändern sich zwar, aber einige Grundregeln werden bis ans Ende der Welt unumstößlich bestehen bleiben.
Die Vorbereitungen für den siebzigsten Geburtstag der Großmutter liefen auf Hochtouren. Wir wollten ihr so gern ein nettes Bildchen von Mirjam, ihrem besonderen Liebling, überreichen. So machten wir uns auf zum Fotografen. Daß das nicht einfach würde, hatte ich schon geahnt. Aber wir mußten es probieren.
In dem dunklen Zimmer mit den hellen, blendenden Lampen klammert sich Mirjam mit aller Kraft an mich und kann nur mit Gewalt von mir getrennt werden.
Daß so natürlich kein Bild entstehen kann, kann man sich leicht ausrechnen. Da entschuldige ich mich eben beim Fotografen, und wir müssen unverrichteter Dinge wieder heimziehen. Was nun? Kurzerhand setze ich Mirjam auf die Gartenschaukel auf der Terrasse, und da entsteht das schönste Bild des Jahres: Mirjam mit gelöstem, lachendem Gesichtchen, wie sie sich freudig in die Lüfte schwingt. Wie einfach – wenn man einmal den Trick heraushat.
Ein kleines Gedicht haben wir auch zusammengebastelt, und so ist nun der Sonntagmorgen herangekommen.

Nachdenklich stehe ich vor den schon festtäglich gekleideten Kindern: Hoffentlich klappt auch alles. Es kommen so viele Leute zu Besuch, und wie sich da Mirjam benehmen wird, liegt noch im Ungewissen. Man kann da überhaupt nichts voraussagen oder voraushoffen. Vielleicht ist sie lustig und froh mit den Buben und den anderen Kindern; mindestens wenn sie dann in den Garten hinaus dürfen. Vielleicht geniert sie sich aber auch und weigert sich, das Essen überhaupt anzurühren. Das bedrückt mich dann immer so, weil es die meisten Leute nicht verstehen, nicht einmal die nächsten Angehörigen. Sie wissen nicht, daß solche Kinder in bestimmten Situationen nicht aus sich herauskönnen, daß sie den nächsten Schritt nicht tun können, weil sie plötzlich gehemmt sind. Da helfen keine guten und keine schlechten Worte, da hilft nur eines: Geduld. Deshalb bedauert man die Eltern solcher Kinder meistens, weil sie so viel Geduld aufbringen müssen. Aber es handelt sich hier um eine ganz andere Art von Geduld. Für das Kind kann man sie natürlich immer wieder aufbringen – das ist eine Selbstverständlichkeit. Aber die Geduld mit den Unverständigen, das ist eine harte Probe. Sie meinen, man erzieht die Kinder nicht konsequent genug, man sieht ihnen zuviel nach, man umsorgt sie zu sehr und zwingt sie nicht zur Selbständigkeit. Da gibt es gar nichts zu zwingen, da gibt es gar kein unnötiges Umsorgen, da gibt es nur ganz selten Inkonsequenz. Da gibt es nur eines: Abwarten, mit einfühlender Liebe und Geduld unzählige Male in gleichartigen Situationen versuchen, das Kind einen Schritt weiterzubringen, bis es die nächste Handreichung wagt. Und dieser langdauernde Weg wird oft durch Unverständnis von außen sehr erschwert.
Solche Gedanken bedrücken mich an diesem Morgen wieder stark. Aber irgendwie muß der Tag ja herumgehen! Mit Gottes Hilfe wird es schon gut gehen. Wie schön wäre es, wenn das Kind froh und munter sein könnte.

Dann wirkt Mirjam herzig und anziehend, so richtig zum Liebhaben.
Mark hat wieder einmal alles mir überlassen. Ich ärgere mich da immer ein bißchen, denn wenn hinterher nicht alles wie am Schnürchen läuft, macht er mir doch ein wenig Vorwürfe. Heute meint er, sein Soll sei erfüllt, wenn er die Fahrt bestreite und den Sonntag opfere. Natürlich hat er recht. Ich weiß, daß er sich viel lieber ausgeruht hätte. Er braucht diesen Sonntag unbedingt, um wieder neue Kraft für Seele und Körper, für die Anforderungen der kommenden Woche zu schöpfen. Aber manchmal hilft einfach alles nichts. Auch schon der Kinder wegen sollten wir Großen freudig mit dabeisein.
Wir sind da, Oma steht am Ende der Auffahrt und wartet glückstrahlend, bis ihr die Enkel in die Arme springen. Sie fängt einen nach dem andern auf. Noch vor der Haustür sagen sie ihre Glückwünsche auf, denn sonst vergessen sie möglicherweise wieder die Hälfte.
Im Haus wimmelt es schon von Kindern, Müttern, Vätern und anderen Gästen. Alle sind wir beieinander, die ganze große Familie. Überall stehen Blumen und Geschenke, Großmutter rinnen die Tränen übers Gesicht, als sie die liebevoll erdachten und gebastelten Gaben auspackt und betrachtet. Es ist fast zuviel für sie, und ich mache mir schon Sorgen, ob sie es wohl durchstehen wird. Aber sie hält durch.
Dann machen wir uns fertig für die anschließende Festandacht im Kreis unserer Freunde. Ihr zu Ehren wird ein besonderer Text aus der Bibel gewählt. Auch darf die Jubilarin sich ein Lieblingslied wünschen. Wir kennen es natürlich alle auswendig, denn wir haben es schon oft gesungen: »Der du das Los von meinen Tagen . . .« Es ist eine ergreifende Stunde, die wir da erleben. Wir fühlen uns erfüllt vom Geist Jesu, umschlossen von der Liebe der Mutter und unserer Glaubensgenossen. Am Verweilen bei solchen

Meilensteinen faßt man wieder Mut und Kampfesfreude für den weiteren, manchmal beschwerlichen Pfad.
Die Kinder jedoch können das Ende der Feier kaum erwarten und sind froh, als es ans Kaffeetrinken geht. Man weiß wirklich nicht, was man nehmen soll. Die Kinder laden sich große Mengen von Schlagsahne auf ihre Kuchen. Ob das mit dem Magen gut geht? Es ist eine Wonne, ihnen zuzusehen, wie sie sich in unschuldiger Freude diesem einmaligen Genuß hingeben können. Da muß ich denken: Ein solch ungetrübtes Genießen ist uns nicht mehr beschieden.
Dann steht Oma auf und holt einen Karton vom Schrank herunter. Die Blicke der Kinder hängen an diesem Paket. Langsam macht sie den Deckel auf und zeigt den Kindern, was darin ist: ein blitzendes Meer aus Chrom, aus lauter schönen Autos. Es ist ganz still geworden. Den Kleinen hat es die Sprache verschlagen. Oma holt eins nach dem andern heraus und stellt es vor die Staunenden. Für Mirjam ist ein Körbchen mit Süßigkeiten darin. Aber ihre ganze Seele hängt auch an solch einem Auto. O, wir haben eine weise Oma. Für alle Fälle hat sie noch ein Ersatz-Auto mit eingepackt. Und Mirjam drückt es glücklich an sich.
Bevor die Kinder hinausdürfen, um mit ihren Schätzen zu spielen, sagt Micha noch ein Gedicht auf:

Liebe Oma!

Wir kommen zusammen zum siebzigsten Feste,
und deshalb ist es wohl das Beste,
wenn wir alle loben vereint den Herrn,
Er sagt, das hätt' er besonders gern.

Hätt' Gott Dir nicht das Leben gegeben,
so würden wir alle nicht stehen hier eben,
und hättest Du nicht Deine Kraft gestellt,
so wär uns das Liebste die irdische Welt.

Doch Jesu Samen in Fülle und Kraft,
hat Früchte des Geistes in Dir geschafft.
Du hast sie vermehrt und weitergegeben,
daß sie auch uns dienen zum ewigen Leben.

Deine Kinder sprechen mit Herz und Mund:
Gott sei Lob, Ehr aus Herzensgrund,
daß Du nicht verzagtest in Krankheitsleid,
sondern Mut behieltest bis in die jüngste Zeit.

Es liegt nun an uns, das Erbe zu hüten,
trotz aller Feinde bösem Wüten,
und stehen wir aufrecht in Kampf und Streit,
so ist Gottes Beistand und Hilfe nicht weit.

Des Vorbilds wir wollen uns würdig erzeigen,
und fleißig uns üben, wenn nötig auch beugen.
An diesem Festtag sind wir bedacht,
daß Jesus ein Neues in uns schafft.

Der Heiland sagt nun: Du sollst nicht zagen,
er will mit Dir was Besonderes wagen.
Er nimmt von der Wanderhütte Stück für Stück
in seinen Besitz, zu Deinem Glück.

Strahlen, Glänzen, Wonne und Huld,
wird einst der Dank sein für Deine Geduld.
Mit unaussprechlicher Seligkeit,
wirst Du empfangen den neuen Leib.

Doch einstweilen laßt uns wandern Hand in Hand,
auf Höhen, durch Täler, in diesem Land.
Der Liebe und Gnade Gottes gewiß wir sein,
drum stimmen wir einig alle mit ein:

Lobet den Herren, den mächtigen König der Ehren . . .

Nach diesem Abschluß des Kaffees gehen wir alle in den Garten. Da hat Onkel Johannes schon wieder Vorbereitungen für einen seiner Späße mit den Kindern getroffen. Er bindet das Ende eines Seiles um den Stamm der Birke vor dem Haus. Das andere Ende wirft er auf den Balkon des ersten Stockes und schlingt es um das Balkongeländer. Man meint beinahe, er wolle seiltanzen. Aber er hat etwas anderes vor. Er läßt das Seil so weit herunter, bis die Kinder es fassen können. Dann darf sich jedes hochziehen lassen. Je nach Größe läßt er sie höher oder tiefer baumeln, und zwar so lange, bis sie von selbst »runter« rufen. Unter den Kindern steht aber immer jemand, der die Zappelnden im Notfall auffängt. – Es ist einmal wieder eines von den einfachen, natürlichen Spielen, die die Kinder so gern mögen. Fast unbemerkt ist es unter diesen Ereignissen Abend geworden. Tante Marieluise kommt aus dem Haus und sagt zu den Kindern: »Sollen wir das Tischlein-deck-dich holen?« Sie führt die Schar ins Haus, und siehe da: das herrlichste Abendessen ist gedeckt. Die Kinder können wieder essen. Wo die das nur hintun?!
Ein ungetrübter Tag ist zu Ende – auch für Mirjam. Es hat keinen Zwischenfall und kein Aufsehen gegeben wegen ihr. Dafür bin ich froh und dankbar. Und wegen der anderen Kinder hoffe ich, daß es noch viele solche Freudentage geben möge; denn sie erinnern sich auch nach vielen Jahren noch dankbar daran – und machen es mit ihren Kindern vielleicht auch wieder so.

URLAUB 1970

Das schönste Ereignis des Sommers ist der Urlaub. In diesem Jahr wollten wir in den Norden, da Mirjam immer sehr anfällig für Erkältungen ist. Vielleicht wird das auch meinem immer häufiger auftretenden Asthma guttun, obwohl

ich da keine Hoffnungen habe. Da oben wird es kühl und windig sein – und das ist das Schlimmste.
Aber wohin? Die deutschen Strände sind derart überlaufen, daß man kaum noch ein ruhiges Plätzchen findet. Wir wollen ja Erholung; und was sollten wir mit Mirjam in einem exklusiven Seebad? Für die Gesellschaft dort wären wir völlig ungeeignet; wir wären der seelischen Belastung, die da auf uns zukommen würde, nicht gewachsen.
Unsere Überlegungen waren noch zu keinem Ergebnis gekommen; da schickten uns Verwandte einen Prospekt über »Urlaub in Dänemark«. Das war es, was wir suchten: Ein Häuschen für uns allein, an einem ruhigen Strand. Wir schrieben gleich und bekamen eine Zusage. Wie herrlich! Sicher würde es uns da gefallen.

24. Juli 70

Morgen fahren wir los. Heute habe ich noch das restliche Geld einbezahlt. Aber eine schreckliche Panne ist passiert. Ich hatte vergessen, den Abschnitt zur Übergabe des Schlüssels, der vom Anmeldeformular abgetrennt werden muß, rechtzeitig abzusenden. Das merkte ich erst jetzt. Ich konnte nur eines machen: den Abriß sofort durch Eilboten wegschicken. Hoffentlich, hoffentlich kam der Brief vor uns an. O, hatte ich Angst. Im Geist malte ich mir aus, wie wir ankommen würden: das Haus verschlossen, der Vermieter nicht erreichbar, keine Schlüssel aufzutreiben. Wo sollten wir schlafen? Es war nicht auszudenken, was das für Schwierigkeiten geben würde. So ein unverzeihliches Versäumnis! Mir war richtig zum Heulen. Wenn die ganze Last einer Familie mit einem behinderten Kind auf einem liegt und es unterläuft einem ein Versehen mit derart weitreichenden Konsequenzen, dann glaubt man, daß man mit seinen Nerven ganz plötzlich am Ende ist.

Ich erzählte Mark nichts von meinem Versäumnis und rang mich zum Glauben durch, daß alles gut gehen würde. Es war auch gut so, daß mir keine menschliche Hilfe übrig blieb. Da wird man auch durch solche Ereignisse des täglichen Lebens auf die Glaubensbahn gestellt, auf der wir gehen sollen.
Dieses Ereignis hatte noch etwas Gutes. Zwar war ich außerordentlich bedrückt an diesem letzten Tag vor der Abreise. Die Last, die auf mir lag, führte aber dazu, daß ich alles ruhig und überlegt vorbereitete, so daß die in solchen Stunden übliche Aufregung gar nicht erst aufkommen konnte. Ich hätte womöglich noch alles durcheinandergebracht. Da mußte ich denken: »Daß dir werde klein das Kleine und das Große groß erscheine.« Der Glaube ist das Wesentliche – da verschwinden all die kleinen Dinge, mit denen man sich sonst oft aufhält.
Die Kinder sollten heute eigentlich schon früher ins Bett. Aber die Aufregung vor der Reise ist so groß, daß sie erst spät zur Ruhe kommen. Sie wollen ja ihre Sachen selber und in ihre eigenen Taschen packen. Aber jetzt steht ihr Gepäck endlich im Flur und wartet auf die Abreise.
Mark ist wieder einmal nicht da, um beim Packen zu helfen. Das schon länger geplante Fußballspiel der Betriebsmannschaft wurde kurzfristig auf heute abend angesetzt. Und Mark spielt doch so gern Fußball! So stand in den letzten Tagen nicht unser Urlaub, sondern das Fußballspiel im Vordergrund. Dafür mußte noch so viel organisiert werden, daß ich, nachdem er endlich gegangen war, aufatmend stehenblieb und mich auf die Vorbereitungen für unsere Reise besann. Die Läden waren zu, da also konnte man nichts mehr holen. Aber wenn etwas fehlte, mußte ich eben so improvisieren, daß niemand etwas merkte.
Es ist 23 Uhr. Alles ist fertig. Ich überblicke noch einmal das Gepäck. Im Eßzimmer habe ich Koffer, Taschen, Körbe und die Mäntel zusammengetragen. Die Blumen sind auf dem

Tisch zusammengestellt; unsere Mitbewohner werden sie während unserer Abwesenheit versorgen.
Mark, so langsam wird es aber Zeit, daß du heimkommst, denke ich. Wir wollen doch um 4 Uhr losfahren – und unausgeschlafene Fahrer sind ein Risiko. Mich läßt er ja nicht ans Steuer; da würde sein Stolz erheblichen Schaden leiden. Dann höre ich die Garagentür; Mark kommt heim. Bin ich aber froh! So können wir uns doch noch einigermaßen ausschlafen. Es wird dann sicher 6 Uhr, bis wir aufstehen; aber dann sind wir auch frisch und ausgeruht.
Die Ereignisse des heutigen Abends sprudeln nur so aus Mark heraus. Ich erlebe das Fußballspiel in all seinen Phasen noch einmal mit. Mit unnachahmlichen Bewegungen und Gesten agiert Mark vor mir. Er ist noch ganz auf dem Fußballplatz. So geht es eine ganze Weile. Dann auf einmal besinnt er sich, schaut wie im Erwachen auf das Gepäck und sagt:
»Du hast ja schon alles vorbereitet und gepackt – das ist prima! Aber was machen wir mit meinen Sportsachen? Ich brauche sie doch im Urlaub!« – »Weißt du was: Ich hole die Sachen aus deiner Mappe und stecke sie noch schnell in die Waschmaschine. In einer Stunde stehe ich dann auf und hänge sie im Badezimmer auf. Dann sind sie bis morgen früh trocken.«

25. Juli 70

Wir haben so gut geschlafen, daß die Wäsche natürlich noch in der Waschmaschine ist. Ich packe sie einfach naß in einen Beutel. Im Urlaub wird sie in Ruhe trocknen können. Meine Sorge wegen des Schlüssels drückt mich heute morgen ganz gewaltig. Was wird heute abend sein? Ich darf nicht weiter drandenken, sonst geht noch etwas schief.
Wir halten noch eine kurze Andacht, denn eine solch lange Reise muß mit Ernst angetreten werden. So erbitten wir Gottes Segen zu einer unfallfreien und ruhigen Fahrt.

Der Himmel ist wolkenverhangen, als wir endlich losfahren, aber ab und zu kommt doch die Sonne durch, wie wenn sie uns grüßen wollte. Ich bin eigentlich froh, daß es nicht so heiß ist, denn man wird dann so schnell müde; auch die Kinder ertragen die Hitze im Auto schlecht. So freuen wir uns über das angenehme Fahren und sind guten Muts. Um die Mittagszeit passieren wir Hannover. Nach einer Vesperpause geht es weiter über Hamburg nach Flensburg. Dann kommt die Grenze. Schon von weitem sehen wir den kilometerlangen Stau. Es ist 17 Uhr, die Haupteinreisezeit.

An sich macht uns das Warten nicht so viel Kummer, denn wir haben nachher nur noch etwa eine Stunde zu fahren; dann sind wir an Ort und Stelle. Anstatt 18 Uhr, wie geplant, wird es dann eben etwas später. Aber was wird mit uns geschehen, wenn wir den Schlüssel nicht mehr bekommen? Immer wieder schleicht sich der Unglaube ein, und ich muß Gott sehr um Gelassenheit bitten, daß ich vollends aushalte.

Nachdem es hier im Norden während der ganzen Fahrt leicht geregnet hat, kommt jetzt beim langsamen Passieren der Grenze auf einmal blauer Himmel zum Vorschein, und Dänemark grüßt uns mit glänzender Abendsonne. Wir sind im Urlaubsland. Links und rechts säumen satte Wiesen die Straße; in der Ferne sehen wir schon die unendliche grauglitzernde Fläche des Meeres. Darüber hin fliegen die weißen Möwen im Sonnenstrahl und ziehen ihre großen sanften Kreise. Dieses Bild, das so sehr erfüllt ist von der alles verklärenden Abendsonne, prägt sich uns als Willkommensgruß in dem unbekannten Land tief ein. Dadurch werde ich auch froher und zuversichtlicher, daß wir alles gut antreffen werden.

Wir fahren jetzt am Strand entlang und sind schon in unserem Urlaubsdorf angelangt. Zum Glück beherrschen die Leute hier die deutsche Sprache, und so können wir uns

durchfragen bis zu dem Mann, der den Schlüssel für unser Häuschen aufbewahrt. Im Kolonialwarengeschäft, in das man uns geschickt hat, winkt mir ein freundlicher Herr, ich solle mit ihm in seine Ladenstube kommen. Dort nimmt er ein altes Kästchen vom Schrank herunter; darin liegt auf einem Wolltuch ein großer Schlüssel. Es ist ein wirkliches Geschenk für mich, dieser Schlüssel, um den ich so gebangt habe. Mark und die Kinder sehen mir erwartungsvoll aus dem Auto entgegen. Fröhlich fahren wir nun noch das kleine Stück, dem Wald entlang, zu unserem Ferienhaus.
Noch die letzte Ecke, und da steht es vor uns; wir wissen von der Fotografie her, daß es so aussieht: Ein verwunschenes, strohgedecktes Häuschen am Waldrand, liebreizend in diese Wiesen- und Waldlandschaft hineingesetzt, unten weiß angestrichen, oben Naturholz. Es hat sechsgeteilte kleine Fenster mit hellblauen Rahmen. Links und rechts vom runden Torbogeneingang sind bunte Holzpantoffeln aufgehängt, in denen rote Fuchsien blühen.
Ich übergebe nun dem Vater feierlich den wertvollen Schlüssel, damit er aufschließt. Langsam drücken wir die Tür auf. Welch anheimelnder Anblick bietet sich uns! Gemeinsam betreten wir den Flur, von wo aus eine hübsche Holztreppe in das obere Stockwerk führt. Alles ist mit Teppichen ausgelegt. Ein bunter Vorhang trennt den großen Flur vom Wohnzimmer. Wir schieben ihn zurück – und befinden uns in einer Puppenstube für Erwachsene: Im Hintergrund das Fenster mit den kleinen Butzenscheiben, davor ein buntbezogenes Sofa, Sesselchen mit dem gleichen Stoffüberzug, ein Tischchen. Auf der Seite ist ein Kamin aus groben Steinen, der den Übergang zum Eßzimmer bildet. Dort steht ein blaugestrichener Holztisch, darum herum rot überzogene Stühlchen, an der Decke das passende Lämpchen.
Auch in der Miniatur-Küche ist alles da, was man sich als

Hausfrau wünscht. Nur tritt hier an die Stelle der Nüchternheit und Zweckmäßigkeit, die wir gewohnt sind, eine Verspieltheit in der Anordnung des Geschirrs und des Kochbestecks, das zum Teil an der Wand hängt oder auf Wandbrettern liegt. Schon die Gardine am Küchenfenster ist typisch: Weiße Baumwollstores, mit reichen Volants versehen, die von einer roten Schleife zusammengehalten werden und an der Seite befestigt sind.
Die Fensterbretter sind übersät von reizenden Kleinigkeiten: Vasen, hübsche Blumenstöckchen, Holzpantöffelchen, eine Anzahl kunstvoll verzierter Kerzen und alle möglichen Schälchen und Kistchen. Gerade das Ungewohnte und Andersartige macht diese Wohnung für uns so anziehend, wirkt auf uns so gemütlich, daß wir uns eigentlich vom ersten Augenblick an wohlfühlen.
Dann steigen wir in den oberen Stock hinauf. Dort gibt es zwei Schlafzimmer, eines mit drei Betten, das andere mit zwei. So sind die Rollen gleich verteilt, wer wo schlafen soll. Und auch hier wieder die reizenden Fensterchen, die duftigen Gardinen.
Jetzt meldet sich aber der Hunger mit aller Nachdrücklichkeit, und die Erschöpfung durch die lange Fahrt macht sich bemerkbar. Für die ersten Tage haben wir einige Konserven mitgebracht, weil man das Einkaufen in einem fremden Land ja erst lernen muß. Rasch mache ich mich ans Kochen. Zum Glück hat die Küche einen Gasherd, der auch sofort funktioniert. Davor habe ich eigentlich immer ein bißchen Angst, daß man sich in einem fremden Haushalt, in einer fremden Küche, nicht gleich zurechtfindet. Aber jetzt ist ja alles klar. Die Gulaschsuppe mit Nudeleinlage schmeckt uns vorzüglich. Einträchtig sitzen wir an unserem neuen Eßtisch und sind glücklich, daß wir es so gut getroffen haben.

26. Juli 70 und die folgenden Tage

Um diesen ersten richtigen Urlaubstag, einen Sonntag, in der ersten Stille ein bißchen genießen zu können, bin ich schon früh aufgestanden. Dieser Genuß war aber recht kurz, denn bald schleicht einer nach dem anderen die Treppe herunter, um die neue Umgebung zu erforschen. Natürlich sind die Kinder zu aufgeregt, um lang zu schlafen. Wir gehen auf die Terrasse und in den Garten. Dort sind drei Schaukeln, ein Sandkasten und einige andere Spiele, die ich in Deutschland noch nie gesehen habe, die den Kindern aber gleich großen Spaß machen. Auf der Wiese, die immer schattig und kühl bleibt, weil sie direkt am Wald liegt, können die Buben Fußball spielen.
An diesem ersten Morgen ist es recht frisch am Waldrand; man merkt direkt, wie die Kühle aus dem Dunkel des Waldes auf die Wiese strömt, so daß die zögernden Sonnenstrahlen gar keine richtige Wirkung haben. So ziehe ich den Kindern doch lange Hosen und Pullis an. Sie wehren sich zwar, denn bei »Urlaub« denkt man ja an heiße Sonne und leichte Kleidung. Es geht ihnen wirklich gegen den Strich, daß sie so warm angezogen herumlaufen sollen. Aber ich darf nicht vergessen, daß kranke Kinder im Urlaub eine besondere Plage sind. Ich tröste sie damit, daß es vielleicht bald wärmer wird.
Wir finden es großartig, daß wir in diesem Jahr keinen einseitigen Urlaub verbringen müssen. Hier können wir alles machen: Bei schönem Wetter können wir baden; wenn es wechselhaft ist, wandern, und bei schlechtem Wetter wenigstens Spaziergänge am Strand entlang machen.
Zum Baden aber ist es für mich und die Kinder zu kühl. Nur Mark wagt sich jeden Tag einmal in die Fluten – wahrscheinlich unter Zurückdrängung aller Weichlichkeitsgefühle –, und das auch nur für wenige Minuten. Das Wasser hat nur etwa 18 Grad. So vergnügen wir uns mit lustigen

Spielen im herrlichen weichen Sand. Doch es gibt Tage, an denen der ganze Strand über und über mit Quallen übersät ist. Diese durchsichtige Quallenart sei ungefährlich, hat man uns gesagt, aber es ist sehr unangenehm, wenn man darauftritt und ausrutscht.

In diesen ersten Tagen ist der Himmel meist wolkenverhangen, und die Sonne will einfach nicht hervorkommen. Das stimmt uns ein wenig traurig. Aber wir haben einige Wanderungen durch Wiesen und Felder unternommen. An richtigen, großen Bauernhöfen sind wir vorbeigekommen. Manchmal haben wir den Leuten in ihren Höfen bei der Arbeit zugesehen. Welch freundliche Gelassenheit und bedächtiges Arbeiten! Muntere Kinder spielen; sie sind zwar ausgelassen, aber sie streiten nicht; sie sind ganz einfach fröhlich und unbekümmert.

Überhaupt strahlt dieses Land – das merken wir schon nach wenigen Stunden – eine Ruhe aus, die wohltuend auf uns alle wirkt. Es gibt keine Hast, keine Hetze. Auch der Verkehr auf den Straßen wickelt sich ganz ruhig ab. Die wenigen Autos, die es hier gibt, fahren langsam. Wir erleben es laufend, daß sich die Fußgänger, die auf der Straße gehen, von den Autos überhaupt nicht stören lassen. Im Gegenteil – die Fahrer machen zuvorkommend einen Bogen um sie. Und bei Gegenverkehr warten sie geduldig. Ja, Geduld haben die Leute, eine für uns unbegreifliche Geduld. Auch wenn beim Einkaufen der Laden voll von Leuten ist, gibt es doch nie ein Gedränge.

Die Menschen hier haben es sich nicht wie wir in den Kopf gesetzt, alles heute zu erledigen, und so teilen sie auch ihre Arbeit ein. Dänemark ist ein Agrarland und im großen Ganzen dünn besiedelt. Es gibt nur eine große Stadt, Kopenhagen, wo ein Drittel der Bevölkerung lebt. Die übrigen zwei Drittel leben also in diesen Dörfern und Höfen. Da kommt man sich nicht bedrängt vor. Und es ist das Geheimnis dieses Landes, daß jeder genügend Lebensraum,

Entfaltungsraum als Mensch in seiner natürlichen Umgebung hat.
Dänemark ist wirklich ein schönes Urlaubsland. Ein Nachteil ist natürlich, daß es wirtschaftlich bescheiden lebt. Am meisten hat mich gestört, daß die Geschäfte nur gerade die Gemüse- und Obstsorten anbieten, die das Land selbst hervorbringt. In den Städten gibt es zwar in größeren Supermärkten auch Pfirsiche und andere Südfrüchte, aber sie sind so unglaublich teuer, daß wir lieber darauf verzichten. Dafür fahren wir aber zweimal in der Woche nach Flensburg. Ach, wie erleichtert es uns, die vollen Regale mit dem reichen Angebot anzusehen und dann natürlich auch auszuwählen, was wir brauchen. So stopfen wir das halbe Auto voll mit diesen Kostbarkeiten – denn das sind sie tatsächlich geworden. »Daheim« schichten wir alles in die große Kühltruhe; da haben wir dann immer Vorrat für einige Tage.
Billig im Land sind aber Fische. Alle zwei Tage holen wir welche bei der Fischersfrau. Mark meint, wenn wir schon in Dänemark seien, dann wolle er auch die einheimische Küche genießen. Und mir graut doch so davor! Nur unter Aufbietung meiner ganzen Selbstüberwindung esse ich diese doch eigentlich wohlschmeckenden Mahlzeiten mit. Die Kinder wollen zwar auch nicht so recht; aber Mark wendet seine ganze Überredungskunst an, um sie von der Notwendigkeit einer eiweißhaltigen Kost zu überzeugen. Eine Weile scheint es auch, als ob sie überzeugt seien, doch mit der Zeit läßt ihre Begeisterung wieder nach.
Am Donnerstag durften die Kinder mit zum Fischer. Schon früh machten wir uns auf die Beine und fragten ihn gleich, ob er heute Schollen mitbringen würde. »Wollen sehen«, meinte er, »bis Mittag bin ich wieder zurück.« Mit seinem großen Boot, das einen wassergefüllten Kühlraum hat, ruderte er hinaus aufs Meer. Wir standen am Strand und sahen ihm nach.

Während wir uns die Zeit mit Steinesammeln vertrieben und Mark sein gewohntes Bad nahm, merkten wir gar nicht, daß der Fischer zurückgekommen war. Er stieg auf den Steg und rief uns zu, wir sollten herkommen. Die Kinder rannten voraus, ich mit Mirjam hinterdrein. Sie hatte solche Angst auf dem schmalen Brettersteg, daß ich sie kaum vorwärts brachte. Aber ich wollte doch die Beute auch sehen. Endlich hatte sie es aber auch geschafft. Der Fischer machte die Holzklappe auf – da schwammen sie, die blauglänzenden Tierchen. Er sagte uns, daß er für zwei Tage Ware gefangen hätte und sie jeweils so herausnehmen würde, wie er sie dann verkaufe. Für uns waren drei Schollen bestimmt. Liebe Zeit, drei so große Fische! Da würden wir heute viel essen müssen! Gekonnt packte er einen nach dem andern und legte sie aufs Trockene. Nach ein paar Zuckungen waren sie still. Tot. Er schlitzte sie auf, nahm die Eingeweide heraus und schabte sie noch sauber. So, da lagen sie also, die armen Tiere. Vor fünf Minuten schwammen sie noch lustig im Wasser und freuten sich ihres Lebens. Jetzt kamen sie in die Pfanne.

2. *August 70*

Vor zwei Tagen war im Kolonialwarengeschäft angeschrieben, daß am Sonntag im Nachbarort um 20 Uhr abends ein Gottesdienst in deutscher Sprache stattfinde. Beim Lesen überkam mich gleich ein heimatliches, erwärmendes Gefühl. Im Urlaub ist man immer ein bißchen verlassen, wenn man keinen Anschluß an seine Gemeinde hat. Ich sagte es gleich Mark und den Kindern. Alle waren begeistert, und wir freuten uns wirklich auf diesen Sonntagabend. Aber was sollte ich mit Mirjam machen? Immer der Wermutstropfen in den Freudenbecher!
Heute, am Sonntag, habe ich dafür gesorgt, daß Mirjam müde genug geworden ist und sicher einschlafen kann.

Bald schläft sie tatsächlich tief und fest, und wir können einigermaßen beruhigt fortgehen. Tief im Herzen bleibt aber immer eine Sorge zurück: Wenn das Kind durch irgendeine Störung aufwacht? Da hilft nur, es in Gottes Hand und Fürsorge zu befehlen.
Es ist ein freundlicher Abend, etwas windig, aber doch noch warm. Die Sonne versinkt als roter Feuerball im Meer, als wir Richtung Westen ins nahe Dorf fahren. Wir kommen gleichzeitig mit dem Pfarrer an. Mit einem herzlichen Lächeln streckt er die Hände aus, heißt uns willkommen und versichert uns, er freue sich sehr, daß er heute abend Leute aus Württemberg begrüßen dürfe. Wir sind wie alte Bekannte, die er mit ganzer Hingabe in sein Herz schließt. Am Eingang drückt man uns ein großes rotes Gesangbuch in die Hand. Überwältigende Eindrücke empfangen uns in der Kirche. Von der Decke hängen Kronleuchter mit unzähligen Kerzen, in der Mitte des Raumes ein großes Segelschiff, das die Buben für einige Zeit fesselt. Mit großem Staunen betrachten sie es unentwegt; so etwas haben sie noch nie gesehen.
Und dann werden wir noch einmal alle einzeln von der Kanzel aus begrüßt: »Ihr lieben Stuttgarter, Hamburger, Frankfurter, ihr Kinder aus Soest...« Der Pfarrer hat sich alles genau gemerkt. Nur Christen können einander auf diese Weise begrüßen, denke ich. Sachte werden wir zur Geschichte des Zachäus hingeführt. Der Pfarrer stellt die Begegnung mit Jesus in den Vordergrund. Jeder Anwesende wisse, wann er Jesus zum erstenmal begegnet sei in seinem Leben, sagt er. Da denke auch ich nach. Wann ist mir Jesus zum erstenmal begegnet? Ich weiß es genau. Ich war sieben oder acht Jahre alt und mit meinem Vater in einer Versammlung gläubiger Christen. Der Redende sprach damals davon, wie Jesus die Kinder ganz besonders liebhabe und für sich gewinnen wolle. Er sah mich bei diesen Worten fest an, und ich war mir ganz sicher, daß er mich damit meinte. In

diesem Augenblick ging mir auf, daß Jesus nicht alle Kinder ganz pauschal lieb hat, sondern jedes einzeln, jedes für sich. Mit dieser Erkenntnis eröffnete sich mir eine völlig neue Perspektive, so daß ich plötzlich Jesus vor mir sah: er neigte sich zu mir, und nahm mich als sein Eigentum an. Von da an wußte ich genau, wie ich zu Jesus stand und er zu mir und richtete mich immer danach. Ich konnte bis heute immer am Glauben festhalten, auch wenn es mir manchmal sehr schwer fiel. Nur durch mein unmittelbares Verhältnis zu ihm war dies möglich.

Aus der Predigt und der Person des Pfarrers hier in Dänemark spürt man, wie dieser Mann aus der Liebe Jesu lebt; er gibt sich ihr völlig hin, wird von ihr beseelt und teilt sie uns mit. Seine Worte, sein Ausdruck haben eine zarte Sanftmut und Demut an sich, wie ich sie nur bei sehr wenigen Menschen bisher erlebt habe. Und als wir zum Schluß noch das Lied: »Ich bete an die Macht der Liebe...« singen, da denke ich wieder zurück an meine Kindheit. Oft haben wir dieses Lied abends vor dem Einschlafen mit unserer Mutter gesungen, und es hat immer einen besonderen Eindruck auf uns gemacht: die Macht der Liebe, wie wir sie verstanden, war zunächst die Macht der Mutterliebe.

Heute abend werden alle Verse gesungen. Wir sind ergriffen. Man hätte noch lange zuhören können, und irgendwie zögern wir mit dem Hinausgehen. Wir werden dann noch persönlich für den nächsten Gottesdienst in vierzehn Tagen eingeladen. Ja, da sind wir auch noch da; da werden wir uns wiedersehen.

Auch unseren achtjährigen Micha hat der Gottesdienst sehr bewegt. Er spricht auf der Fahrt und noch daheim ununterbrochen davon. Wie schön, daß er etwas davon gemerkt hat, wie Jesus in das Leben der Menschen kommt! Er hat die Beispiele der verschiedenen Begegnungen, die der Pfarrer angeführt hat, recht gut verstanden. Gott hat heute abend ein Samenkorn in ihn gelegt. Hoffentlich bin auch ich fähig, dazu beizutragen, immer wieder Gelegenheiten und Anregungen zu geben, daß dieser Samen weiter keimt. Gott wird das Wachstum geben, damit es einmal Frucht bringt, wenn Micha älter und nachdenklicher wird.

5. August 70

Unser Urlaub verläuft bis jetzt recht friedlich und harmonisch. Auch das Wetter tut mit: es ist recht warm und sonnig, so daß die Kinder und Mark jeden Tag an den Strand gehen. Ich habe allerdings den dauernden Wind nicht ertragen und lag einige Tage im Bett. Das anhaltende Asthma hatte mich so entkräftet, daß ich fast nicht mehr gehen konnte. Mark brachte mir Arznei von Flensburg mit, aber es wurde nicht besser. Ich wußte überhaupt nicht, wovon es besser werden sollte, und war in außerordentliche Not geraten. Aber Gott half auch daraus. Eines Nachts regnete es – und das war die Hilfe. Feuchte Luft; sie rettete mich, ich konnte auf einmal wieder atmen und erholte mich zusehends.
Diesen Regen haben die Kinder mit Sehnsucht erwartet, denn wir haben ihnen versprochen, sobald wir nicht an den Strand könnten, wollten wir mit ihnen nach Billund zur großen Miniaturanlage »LEGOLAND« fahren.
Als wir ankommen, hat es zum Glück aufgehört zu regnen. Die Kinder kommen aus dem Staunen nicht mehr heraus, und auch wir Erwachsene sind beeindruckt: Ist da doch ein kleiner Flugplatz, wo LEGOLAND-Flugzeuge starten und landen. Man kann, wenn man will, einen Rundflug über das LEGOLAND-Städtchen machen, der eine Viertelstunde dauert. Da der Flug aber recht teuer ist, verzichten wir. Es gibt eine richtige Eisenbahn, mit der die Kinder herumfahren können – ganz aus Legosteinen zusammengefügt. Dann kann man mit Lego-Autos fahren, die auf einer Elektrospur geleitet werden. Wir kommen an einer Gruppe von

Zootieren vorbei, die lebenden Elefanten, Löwen, Zebras usw. verblüffend ähnlich sehen, die aber alle aus Lego-Steinen zusammengesteckt sind. Woanders gibt es riesige Schiffe, in die man sich auch hineinsetzen und auf einem künstlich angelegten Flüßchen fahren kann.
Dazwischen liegen kleine Berge, an deren Hängen sich Dörfchen und Städtchen entlangziehen. Vor der Kirche befindet sich gerade eine Hochzeitsgesellschaft, Braut und Bräutigam; der Pfarrer darf auch nicht fehlen. Das erheitert unsere Kinder fast am meisten.
Stundenlang kann man zwischen Bergen und Tälern, Städtchen und Dörflein wandern, über Brücken gehen; überall empfängt einen die Märchenwelt dieses Legowunders. Zuletzt aber können sich unsere Kinder kaum mehr auf den Beinen halten und fangen an zu jammern. Papa trägt Mirjam ja auch schon seit einiger Zeit, und deshalb müssen wir allmählich an den Heimweg denken. Wir nehmen noch ein paar bunte Karten als Andenken mit. Am Ausgang staunen wir aber doch noch einmal ganz gewaltig. Hier ist – ebenfalls aus Legosteinen – eine Raketenstation aufgebaut, bereit zum Start des Raumschiffes. Ob wir wollen oder nicht, da müssen wir doch noch eine Weile stehenbleiben.
Auch die Kinder sollen ihren Spaß im Urlaub haben, und ich glaube, daß sie heute glücklich sind. Die Vielzahl der Eindrücke, der Reiz des Neuen, die große Zahl ganz besonderer Erlebnisse – all das begeistert sie und befriedigt sie über ihre Erwartungen hinaus. Und das erfüllt auch uns Erwachsene mit Freude und Dank.

13. August 70

So langsam heißt es aber Abschied nehmen. Zum Abschluß machen wir noch eine fröhliche Fahrt zum Fischerhafen Ärosund. Schon aus einiger Entfernung sehen wir ihn in einer Bucht liegen: Tiefblauer Himmel, glitzernde See, im Hafen ein buntes Gewimmel von Segelbooten, Jachten und Kuttern. An manchen Stellen lockert ein aufgezogenes Segel das Durcheinander der Masten und Taue etwas auf. Da kommt gerade die große Fähre an. Von weitem schon sehen wir, wie der Koloß durch die See pflügt. Wir stellen uns an die Kaimauer, um das Ein- und Ausladen der Autos gut beobachten zu können. Vorne steht der Kapitän und befiehlt, die Rampe herunterzulassen. Sie hängt an Ketten wie eine Zugbrücke. Zuerst müssen die Wagen das Schiff verlassen, dann können die anderen vom Festland einfahren, die schon in langer Schlange warten. Man sieht, daß nicht alle darauf passen. Nachdem etwa zwanzig Autos auf Deck sind, stoppt das Fahrpersonal. Die anderen Wagen müssen eine Stunde warten, bis die nächste Fähre kommt. Man sieht den Gesichtern richtig an, wie sie über die erneute Warterei enttäuscht sind. Was soll man mit Kind und Kegel so lange machen? Der Fahrer muß auf jeden Fall im Wagen sitzen bleiben, um seinen vorderen Platz in der Reihe nicht zu verlieren.

Die Abendsonne scheint mild über den Hafen. Wir genießen noch einmal diesen Anblick und wollen alle Einzelheiten in unsere Erinnerung aufnehmen. Doch dann müssen wir uns auf die Heimfahrt machen. Es ist ein eindrucksvoller Tag für alle gewesen.

In unserem Häuschen liegt das unvermeidliche Gästebuch auf dem Tisch. Es ist das Zeichen, daß der Urlaub wirklich zu Ende ist. Unseren Gesamteindruck haben wir so zusammengefaßt:

> Ein nettes Häuschen am Walde still,
> das ist es, was der Urlauber will,
> samt herrlichem Wetter und warmem Bad,
> dann ist er glücklich, wenn er das hat.

Weit über Wünschen und Erwarten,
fanden wir dann im hübschen Garten,
ein liebreizendes, feines Strohhäuschen stehn.
Kinder, wie wird es uns wohlergehn!

In Erfüllung ging der Wunsch und der Traum
vom schönen Häuschen am Waldessaum.
Wir waren so glücklich, es ging uns so gut,
wir sagen ade mit neuem Mut.

Zwei Dinge erleichtern uns das Abschiednehmen. Erstens haben wir das Nichtstun nach drei Wochen satt und sehnen uns nach unserer Arbeit. Zweitens kehrt hier im Norden jetzt der Herbst ein, es wird kühler, und wir könnten kaum noch baden.
Am letzten Morgen machen wir noch einen kurzen Abstecher an den Strand. Blausilbern glänzend liegt die See vor uns. Im Morgenwind bilden sich kleine Wellen, verlieren sich am Ufer; neue kommen heran, ein ewiges Kommen und Gehen. Es ist immer wieder ein Erlebnis, dieses große weite Meer ohne Grenze am Horizont. Da sitzen wir nun, wir kleinen Menschlein in der unendlichen Weite. Möwen ziehen ihre Bahn in den Lüften, im unberührten Morgenwind. Das leise Schlagen ihrer Flügel stimmt uns wehmütig. Wir werden dieses Land des Friedens verlassen und in unsere Unruhe zurückkehren.

Freitag, 18. September 70

Einige trübe Tage haben die Ahnung vom stürmischen, kühlen Herbst fast zur Wirklichkeit gemacht. Nein, es darf nicht wahr sein, dieser herrliche Sommer darf noch nicht zu Ende sein! Wir dürfen noch nicht zurücksinken in die Mutlosigkeit und den Trübsinn des Winters.
Es ist ein wunderbares Geschenk, wenn man dann einmal

unversehens hineinversetzt wird in grüne Matten, satte Wiesen, schattige Wälder, hinauf zu einsamen Höfen.
Mark träumt schon seit Wochen von einer Wanderung im Hochschwarzwald. Natürlich wäre es schön, wenn wir sie zusammen machen könnten. Zuerst wage ich gar nicht, diesen Traum mitzuträumen, geschweige denn an seine Verwirklichung zu denken. Wo sollen wir auch die Kinder lassen? Woher soll Mark die Zeit nehmen? Mindestens müssen wir ja am Samstagnachmittag wegfahren, damit wir am Sonntag in aller Frühe loswandern können.
Da ertappe ich mich dabei, nach anderen Lösungen zu suchen. Vielleicht hat Tante Marieluise frei und kann die Kinder übers Wochenende nehmen? Zwei kurze Telefongespräche – und der Weg ist frei für unser Wochenende zu zweit. Ich kann es mir noch gar nicht vorstellen, wie es sein wird, ganz ohne Kinder.
Freitag: Strahlender Sonnenschein. Der Wetterbericht ist auch gut. Eine große Vorfreude überkommt mich: Noch einmal den Sommer kosten dürfen, frische Luft, Einsamkeit, Ruhe, Wärme! Und, welche Erleichterung, ans Geld brauche ich auch nicht zu denken. Heimlich habe ich eine kleine Summe für eine Freude zusammengespart. Jetzt ist sie da, die Gelegenheit. Geldmangel kann einem nämlich die ganze Freude verderben. Wenn man schon von vornherein rechnen muß und an allen Ecken und Enden sparen, dann ist es besser, man bleibt gleich daheim. Aber dieses Hemmnis war ja weggeräumt.

IHR MATTEN LEBT WOHL *19. September 70*

Als ich aufwache, strahlt schon der hellste Sonnenschein durch die Rolläden. Ich tippe Mark leise an und flüstere ihm zu: »Schönes Wetter, wir können fahren.« Mit einem Satz

springt er aus den Federn. Wie schön, daß unser Wunsch Wirklichkeit wird. Bis zuletzt glaubt man es nämlich immer noch nicht so recht – wer weiß, was da alles noch dazwischenkommt!
Zuerst muß Mark aber ins Geschäft, um das Wichtigste zu erledigen. Im Hinausgehen sagt er noch: »Ich bin um 12 Uhr da, dann fahren wir gleich. Mach alles fertig, versorge die Kinder, und dann los.«
»Na ja«, sage ich mir, »ich rechne lieber eine Stunde dazu, dann stimmt es vielleicht.« Meist wird es ein oder zwei Uhr, bis Mark samstags heimkommt. Ich kann mir nicht vorstellen, daß ausgerechnet heute weniger Arbeit da sein sollte als sonst. Außerdem müssen wir ja noch zu Mittag essen. Wenn wir um zwei Uhr fortkommen, will ich schon zufrieden sein.
Tante Marieluise kommt um die Mittagszeit und lädt die ganze Kinderfracht ins Auto. Ich bin ihr so dankbar, daß sie mithilft, uns ein Wochenende zu zweit zu ermöglichen. So eine hilfsbereite Schwester zu haben, die ihr freies Wochenende opfert, das sie nur alle vierzehn Tage hat, ist schon ein großes Glück. Aber ihr Herz ist für Kinder immer offen, und ich weiß, daß sie bei ihr genauso gut aufgehoben sind wie bei mir. Das heißt viel, sehr viel.
Mark kommt, wie vorausgesagt, um ein Uhr. Und da beginnen die zweitägigen Ferien schon beim ungestörten Mittagessen. Ich kann mich nicht erinnern, wann wir das letzte Mal in solcher Ruhe gegessen haben. Es gibt zwar etwas ganz Einfaches, aber das Essen kommt mir in dieser Ruhe köstlich vor. Ich habe sonst immer Mirjam neben mir sitzen, und das bedeutet, daß ich meine ganze Aufmerksamkeit auf dieses eine Kind richten muß, ihm mit viel Geduld das Essen mit Löffel und Gabel beibringe. Zwar ist Mirjam im Vergleich zu anderen behinderten Kindern recht geschickt und lernwillig. Aber wenn ich nicht bei jedem Bissen etwas mithelfe, landet alles oder doch die Hälfte auf dem Teppich.

Doch heute habe ich frei; ich streife die Mühsal des Alltags ab wie ein Kleid und erwarte freudig und fröhlich die ungestörten Stunden, die Mark und ich zusammen verbringen wollen.
Bei herrlichem Sonnenschein fahren wir auf der Autobahn Richtung Freiburg – ohne Hast, ohne Hetze, ohne bestimmten Ankunftstermin. Wir haben Zeit, angenehmere Themen als nur Marks Arbeit und die damit verbundenen Probleme zu erörtern. In aller Ruhe und Objektivität besprechen wir unsere Familienangelegenheiten, das sonst so schwierige Problem der Finanzen, unsere Zukunftspläne. Es ist aufschlußreich für eine Frau, von Zeit zu Zeit zu erfahren, wie ihr Mann über bestimmte Dinge nun wirklich denkt. Unser Papa ist gewohnt, als Oberhaupt der Familie alles von sich aus zu entscheiden. Bei solch zwanglosen Gesprächen versuche ich dann, ihm zu entlocken, was er alles für Vorstellungen hat.
Eine Weile kann ich auf dieser Fahrt auch meinen Gedanken nachhängen. Und aufgrund unserer Gespräche muß ich über den Sinn der Gleichberechtigung von Mann und Frau nachdenken. Das ständige Gerede von der Gleichberechtigung der Frauen ist der größte Unfug, ja geradezu ein Verhängnis. Man erwartet, daß Frauen wie Männer handeln und ihre Aufgaben bewältigen, und stachelt sie immer wieder zu neuen Leistungen an. Wenn sie aber die Gleichstellung innerhalb der Ehe und Familie zu beanspruchen versuchen, beißen sie auf Granit. Denn der Mann belächelt im Bewußtsein seiner Kraft und Unbezwingbarkeit diese Faselei von Gleichberechtigung und Gleichstellung. Er kennt seine Macht und weiß sie nach wie vor und auch für alle Zukunft zu gebrauchen. Versucht nun die Frau, sich unabhängig zu machen und sich als selbständige Persönlichkeit »neben« ihren Mann zu stellen, duldet er dies nicht und verweist sie bei nächster Gelegenheit in ihre Schranken – Schranken, die von Anbeginn der Welt gesetzt sind, Ge-

hilfin des Mannes zu sein, die um ihn ist, nicht Gleichgestellte.
Der in diese Schranken zurückverwiesenen Frau ist nach den heutigen Maßstäben Ungerechtigkeit widerfahren. Sie spürt den Unterschied zwischen Ideal und Wirklichkeit und ist verletzt. Aber von neuem aufgehetzt und angestachelt faßt sie neuen Mut und fängt wieder an, ihre Existenz als gleichberechtigt aufzubauen. So geht das mit Fallen und Aufstehen immer weiter. Das würde aber zu einem ständigen Streit in der Ehe führen. Niemand kann das lange aushalten, und das Ende ist in vielen Fällen die Scheidung. Ich kenne genug Familien, die so leben. Es ist heute schwer, gegen diese Strömung zu schwimmen und zum Ursprung zurückzukehren – denn das heißt glauben. Und der Glaube bewegt sich eben einmal nicht in dieser Welt; er findet darin nicht sein Gegenüber, sondern im Schauen. Ewig gültig ist doch immer nur das Wort Gottes, und wenn man danach handelt, kann es einem nie schlecht gehen. Aber ich merke an mir selber, daß auch ich nicht frei bin; hin und immer wieder öffne ich mich äußeren Einflüssen und lasse mich von ihnen betören. Aber ich merke es recht schnell und bemühe mich wieder ernstlich, durch Gottes Gnade rechtzeitig ein Abweichen zu erkennen und zurückzufinden in die Bestimmung des vertrauenden Christen.
Deshalb sind wir – mit allen Schwächen und Mängeln – doch eine glückliche Familie. Ein Teil, und zwar der schwächere, muß es lernen, in Liebe und Geduld oft unter Aufbietung all seiner Kraft für jedes Familienmitglied dazusein, jeder Eigenart nach bestem Vermögen gerecht zu werden. Jeden Morgen muß man neu anfangen, neu überdenken, was jedem Freude und Kummer macht, für welche Unzulänglichkeiten man Gottes Hilfe braucht, und Hilfe dann erflehen – und siehe da: Alles wird in irgendeiner Weise geordnet.
Manchmal denke ich aber auch, die Männer könnten ein

bißchen mehr Verständnis für ihre Frauen aufbringen. Eine Frau und Mutter, die ein paar Kinder geboren hat und sie auf- und erzieht, kann wohl – mit einigen Ausnahmen – nicht mehr so attraktiv aussehen wie vorher; ihre Figur läßt zu wünschen übrig, für ein neues Kleid ist im monatlichen Finanzplan auch kein Geld vorgesehen. Diese nachteilige Veränderung ist für den Mann schmerzlich und kann ihn verbittern. Jede Frau spürt das und könnte traurig und enttäuscht darüber sein. Sie braucht es aber nicht zu sein. Denn hoffentlich wird sie sich bewußt darüber, daß es jetzt heißt, Frucht zu bringen, geistliche Frucht: die Widerwärtigkeiten in Liebe und Geduld überwinden, Mut und Glauben behalten, Tatkraft und Gesundheit erbitten und die ganze Familie der Barmherzigkeit Gottes anbefehlen. Gott schenkt das Wollen und das Vollbringen. Mit dieser Glaubens- und Gebetsarbeit hätte man genug zu tun und müßte sich nicht selbst bemitleiden.
Christ sein heißt kämpfen, heißt täglich in der Kraft Jesu dem Bösen widerstehen. Das fordert unseren ganzen Einsatz, aber dann gelingt es auch.
Unter diesen Gedanken kommen wir in unserem Hotel im Schwarzwald an und werden in unser Zimmer geführt. Ich gehe gleich zum Fenster. Welch herrlicher Ausblick bietet sich da: Von der Abendsonne beschienene Wiesen an einem sanften Hang, dahinter die Berge. »Nur rasch hinaus«, sagen wir uns, »damit wir auch vom Abend noch etwas haben!«
Ohne zu sprechen gehen wir den steinigen Weg hinter der Kirche hinauf, steigen höher und höher bis an den Waldrand; das Dörflein in seiner friedvollen Zusammengehörigkeit liegt jetzt weit unter uns. Wir setzen uns auf das noch warme Gras und lassen die Sanftheit des warmen Abends und der menschenfernen Einsamkeit auf uns wirken. Dann läuten die Kirchenglocken den Abend und den Sonntag ein. Langsam senkt sich die Dämmerung auf das friedliche

Tal herab, und wir machen uns auf, wieder hinabzuwandern, bis die trauliche Häusergruppe uns wieder aufnimmt. Nach dem Nachtessen gehen wir gleich ins Bett, weil wir ja morgen frisch sein wollen für unsere Wanderung auf den Belchen.

20. September 70

Wieder hellster Sonnenschein beim Aufwachen. Es ist ein Geschenk für uns, daß alles so nach Wunsch verläuft. Ich packe noch die kleine Wandertasche, dann können wir losmarschieren.
Unser Weg führt gleich steil bergauf. Angenehm am Schwarzwald ist, daß Wiesen mit Waldwegen abwechseln und die Landschaft nicht langweilig wird. Wir wandern auf taufrischen Wegen, die seit der Nacht noch niemand gegangen ist. Manchmal müssen wir uns unter Spinnfäden ducken, die über den Weg gespannt sind. Wie Perlen glänzen Tautropfen auf Gräsern und Sträuchern. Einsamkeit, Frische, Unberührtheit umgeben uns an diesem sonnigen Herbstmorgen. Nachdem wir einige Zeit im Wald gewandert sind, kommen wir auf eine Lichtung. Vor uns breitet sich ein liebliches Tal aus, mit sanften Wiesenhängen an den Seiten; wir haben einen weiten Ausblick und sehen auch schon den Belchen. Jetzt geht es an einsamen Höfen vorbei über Höhen, durch Täler. Laufend verändert sich die Landschaft, und immer ist man gespannt, welches Bild sich einem hinter dem nächsten Bergrücken zeigt. Kein Mensch begegnet uns; wir sind allein in dieser wohltuenden Stille. Nach dreieinhalb Stunden bin ich drauf und dran schlappzumachen. Da tut sich unvermutet vor uns der Wald auf, und wir sehen den Gipfel ganz nah. Noch ein paar Schritte, dann ist es geschafft. Ich lasse alles fallen und sinke auf den Boden. Nichts kann mich jetzt am Liegenbleiben hindern. Ich bin völlig fertig. Mark geht es ebenso. Das letzte steile Stück ist unglaublich anstrengend gewesen.

Aber nach einer Weile haben wir uns schon wieder etwas erholt und packen unsere Wandertasche aus. Wie munden die mitgebrachten saftigen Äpfel! Da sitzen wir nun in der warmen Herbstsonne, können in der klaren Luft weit blicken. Wie Spielzeughäuschen liegen die Bauernhöfe im Tal, Kühe grasen auf den Weiden. Drüben am Berg führt eine Straße hinauf, auf der wir die winzigen Autos emporkriechen sehen. Wie schön, denke ich, daß dieses Getümmel unseren Frieden nicht stören kann. Es ist einfach unmöglich, in dieser Oase des Friedens an Lärm und Getöse zu denken. Man spürt hier Natur und Urwüchsigkeit, Gottes Wirken und Walten; die Schöpferkraft ist so nah, so ungebrochen in ihrer Größe und auch in ihrer Freundlichkeit, daß mir ein Rühmen durch die Seele geht.
Den Abstieg nach Wieden werde ich nicht so schnell vergessen. Da kommen wir doch im wahrsten Sinne des Wortes in die Schuhe hinein. Es wird sehr heiß, und über steinige, unebene Wege geht es steil bergab. Immer noch steiler – ich denke, es nehme kein Ende mehr. Meine Füße schmerzen, die Schuhe sind plötzlich zu eng. Ein Trost, daß es Mark genauso mitnimmt. Schließlich wollte er unbedingt diesen Weg gehen; ich hatte vorher eine angenehmere Route vorgeschlagen. Er klagt in einem fort, seine Zehen täten ihm weh, und er habe die falschen Schuhe angezogen. Aber endlich haben wir auch dieses härteste Stück unserer Wanderung geschafft. Inzwischen ist es zwei Uhr geworden. Noch zwei Stunden, dann sind wir wieder in Muggenbrunn. Diesen letzten Teil werden wir auch noch schaffen. Aus meiner Wandererfahrung weiß ich, daß es einen Punkt gibt, von dem an sich die Beine von allein vorwärtsbewegen. Diesen Punkt haben wir jetzt erreicht. Ganz mechanisch gehen wir voran, Schritt um Schritt. Der zweistündige letzte Abschnitt des Weges macht uns deshalb gar nichts mehr aus.
Bevor wir vollends ins Tal absteigen, gibt's noch eine kleine

Rast. Noch einmal schauen wir zurück auf die grünen Wiesenhänge, saugen noch einmal den herrlichen würzigen Duft von Wald und spätem Öhmd ein und nehmen das erhabene Bild dieser Landschaft in unsere Erinnerung auf.

»Ihr Matten lebt wohl, lebt wohl, lebt wohl,
ihr sonnigen Weiden, der Senne muß scheiden,
der Sommer ist hin, der Sommer ist hin.«

So heißt es in dem schönen Herbstlied. Aber es wird ein neuer Sommer kommen. Glücklich und zufrieden machen wir uns auf die Heimfahrt.

DER TROST IN DER NACHT *28. Dezember 70*

Der Winter ist die Nacht; er ist die Zeit des gehemmten Lebens, des beschwerlichen Tuns. Schon im Herbst denke ich mit Schrecken an diese Zeit. In diesem Jahr können wir wenigstens diese schwere Winterszeit durch ein paar ruhige Erholungstage nach Weihnachten unterbrechen. Doch zunächst will ich noch von den vorhergehenden Wochen berichten.
Man sollte meinen, das Weihnachtsfest mit seiner frohen Botschaft, mit seinem bis in die hintersten Winkel dringenden hellen Licht könnte das Dunkel erhellen. Ja, seine Strahlen müßten uns schon in der vierwöchigen Advents- und Erwartungszeit erreichen.
Warum ist es aber meist nicht so? Wir entschuldigen uns oft damit, schuld daran sei die heutige Zeit. Sie mag es wohl auch zum Teil sein. Für den anderen Teil tragen wir aber die Schuld.
Manchmal kommt mir der Gedanke, ich würde, wenn ich zu bestimmen hätte, alles ganz anders organisieren, ich

würde die nötige Ruhe und Einkehr schon schaffen in unserer Familie. Vielleicht würde aber der Segen Gottes bei dieser Selbsthilfe fehlen, und dann wäre ja alles noch schlimmer oder überhaupt umsonst. Es ist ein großes Geheimnis, daß Gott gerade die widrigsten Umstände benutzt, um ganz plötzlich dazustehen und sein beruhigendes, erhellendes, beseligendes Weihnachtsglück und die Christfest-Freude anzubieten und uns zuteil werden zu lassen. Dann sind wir erfüllt von seinem unverhofften Geschenk und wissen: Er hat alles mit angesehen, unser demütig geführter Kampf ist vor ihn gekommen, er hat zum Sieg verholfen und sich uns selbst gegeben. Nur eben etwas später und anders, als wir es gedacht hatten. Und indem wir uns darüber verwundern, wird uns klar und deutlich, daß die beiden Arten von Weihnachtsfreuden, die innere und die äußere, gar nichts miteinander zu tun haben. Die äußere plant und feiert man, wenn das Datum fällig ist. Die innere ist ein Geschenk von Gott, und Jesus Christus gibt sie dem, der sie begehrt und erharrt.

Es war eine unruhige Zeit vor Weihnachten. In diesem Jahr empfand ich die wüste Leere besonders deutlich, und das unsinnige Hetzen und Jagen nach all dem vergänglichen Zauber wurde mir zu einer schrecklichen Last. Die Sinnlosigkeit der übertriebenen Geschäftigkeit bekümmerte mich tief.

Aber ich wurde mitgerissen. Es gelang mir nicht, den dahinsausenden Wagen anzuhalten, dem Treiben Einhalt zu gebieten. Mindestens, so dachte ich mir, sollten ja die Geschenke nicht weniger kosten als im Vorjahr. Ja, man überlegt sich, wo man noch eine Kleinigkeit dazulegen kann, damit alles in bester Ordnung und niemand enttäuscht ist. Es steckt sicherlich viel Liebe hinter den ausgesuchten Sachen. Aber irgendwie macht es einen müde, und man findet tatsächlich nicht mehr zurück zum eigentlichen Grund dieses Schenkens, da das Übermaß alles zerstört.

Wir Erwachsenen wollten auf alle Geschenke und Besonderheiten verzichten und am dritten Feiertag mit den Kindern in den Schwarzwald fahren.
Am Morgen des 24. Dezember fuhr Mark noch rasch ins Geschäft, um die dringendsten Arbeiten zu erledigen. Er meinte, er sei rechtzeitig zum Schmücken des Tannenbaums zurück. Ich ging mit den Kindern in die Stadt, um die bestellten Lebensmittel abzuholen. Natürlich waren alle Läden überfüllt und das Anstehen mit den von Unruhe und Erwartung geplagten Kindern war eine Tortur besonderer Art. Mirjam aber war am bravsten. Zwar hatte sie bemerkt, daß etwas Schönes bevorstand, und ihre Augen leuchteten, wenn die Brüder davon sprachen. Aber sie war nicht von der Unruhe und dem Drängeln erfaßt und ließ sich willig und ohne Schwierigkeiten an der Hand führen. Obwohl ich mir ja immer bewußt bin, daß Mirjam hirngeschädigt ist und unfähig, das Besondere der Weihnachtsfreude zu erfassen, erfüllt es mich doch immer wieder mit tiefem Glück, daß sie bei derartigen Widerwärtigkeiten wie heute eine Entlastung, eine Ruhepunkt ist. Dieses Kind kann einem in seiner ruhigen Eingekehrtheit wirklich ein Trost sein.
Mark kam mit den Worten hereingeschneit: »So, jetzt ist Schluß für ein paar Tage! Mensch, bin ich froh, daß soweit alles erledigt ist. Nur ein paar Kleinigkeiten habe ich heute mittag noch zu schreiben, die unbedingt noch vor Weihnachten weg müssen.« Jetzt bloß Ruhe bewahren, dachte ich, und hörte mich sagen: »Natürlich schreibe ich die Sachen noch. Wir werden schon irgendwie fertig.«
So mußten eben die Kinder jetzt schon ins Kinderzimmer und sich allein beschäftigen. Es war hart für sie; aber ich merkte auch hier: Wenn keine andere Wahl bestand – für die Kinder nicht und nicht für mich –, dann ging es schon irgendwie. Es ging sogar gut. Die Kinder waren ruhig, und wir konnten ungestört arbeiten. Das war viel wert, und um fünf Uhr abends waren wir fertig. Mark brachte die Briefe

noch rasch zur Post; bis er zurückkam, hatte ich den Baum schon mit den Kugeln behängt. Gleichzeitig mit Mark kamen auch die Schwiegereltern an, die die Weihnachtsbescherung mit uns feiern wollten. Mir war sehr peinlich, daß wir mit den Vorbereitungen noch nicht ganz fertig waren. Aber Marks Eltern beschäftigten sich einstweilen mit den Kindern. Oma zog sie festlich an und räumte das Zimmer auf. Sie tat es sogar gern, was mich wesentlich erleichterte. Mark holte noch die Geschenke aus dem Schlafzimmer, wo wir sie eingeschlossen hatten. Und dann konnte das Fest beginnen. Als wir die schönen alten Weihnachtslieder sangen und die hellen Stimmen der Kinder so froh erschallten, waren wir doch alle mit Glück und Freude erfüllt. Ruhe und Friede kehrten in mein Inneres ein. Ich war wirklich dankbar, daß mir auch heute wieder das Geschenk des Friedens zuteil geworden war. Und dann – ich mußte heimlich über mich selbst lachen – freute ich mich wie ein Kind über die Überraschungsgeschenkchen von Mutter und Schwiegermutter. Offenbar war es doch schön, durch diese Gaben die Liebe der anderen zu fühlen, wenn diese Empfindung auch nur vorübergehend ist. Denn mit seinen Sorgen und Nöten bleibt man letzten Endes immer allein.

Vor einigen Stunden sind wir nun auf den Tetenshof im Schwarzwald gefahren. Ach, wir wollten nichts mehr hören und sehen, nur Ruhe haben – wenigstens ein paar Tage lang. Da bot sich uns das »Haus der Stille« wie eine Oase in der unruhigen Welt an.
Die Abreise war noch sehr aufregend und recht schwierig, weil Mirjam schon Stunden vorher – während des Packens – immerzu weinte. Sie befürchtete, wir würden ohne sie wegfahren, und hatte schreckliche Angst. Vielleicht war es aber auch nur die Aufbruchsstimmung. Man weiß ja nie so genau, was Kindern Kummer macht. Mirjam hörte dann aber auf zu weinen, als sie mit den Buben im Auto saß. Vor-

her aber verloren wir beinahe die Nerven, und ich gab ihr sogar einen Klaps, was noch nie vorgekommen war. Ich konnte einfach nicht mehr anders. Jetzt ist aber alles vergessen; wir sind am Ziel, und es ist alles so, wie wir es uns vorgestellt haben: ein idyllisches Schwarzwaldtal mit verstreut liegenden Gehöften, auf einer Anhöhe der Tetenshof. Die Wirtin, eine gütige Frau, der Frische und Munterkeit aus den Augen strahlen, empfängt uns gleich mit ausgebreiteten Armen, als ob wir uns schon lange kennen würden. Wer kann innere Verbundenheit ergründen? Dann führt sie uns in unsere Ferienwohnung. Warme Heimeligkeit empfängt uns, und als wir ans Fenster treten, sind wir überwältigt von der märchenhaften Winterlandschaft um uns: der verschneite Tannenwald, einzeln stehende Tannengruppen, die Zweige mit weißem Schnee beladen; in der Ferne der Titisee, unten im Tal Hinterzarten. Besonders Mark ist ganz hingerissen von der Schönheit dieser winterlichen Gegend, die er noch nie so erlebt hat.

Nun aber zurück zur Wirklichkeit! Die Kinder stehen verloren neben dem Gepäck, Mirjam hat sich in eine Ecke verdrückt, die Finger im Mund – ein Zeichen dafür, daß sie sich völlig verlassen fühlt und der Kontakt zu uns abgebrochen ist. Das muß ich als erstes ändern. Ich locke sie aus ihrem Versteck heraus und lasse sie beim Auspacken helfen. Auch die Buben dürfen ihre Sachen in den Schränken verstauen. So sind alle beschäftigt und gewinnen langsam Zutrauen in die ungewohnte Umgebung. Wenn man seine eigenen Sachen in den Regalen sieht, hat man sich schon etwas eingelebt. Die Kinder dürfen nun mit in die Küche, denn wir sind hier Selbstversorger. Ich mache Tee, und gemeinsam dekken wir den Tisch für das Abendessen. Bald sind wir wieder eine fröhliche Runde und schmieden Pläne, was wir hier alles unternehmen wollen. Die Buben und Vater können Ski fahren; ich bin etwas ans Haus gebunden, weil Mirjam nicht lange in der Kälte bleiben kann, denn wegen ihrer schlechten Durchblutung sind Hände und Füße schon nach ein paar Minuten eiskalt.

31. Dezember 70

Der letzte Tag in diesem Jahr ist angebrochen. Das erstemal erleben wir ihn nicht zuhause. Das stört uns aber nicht weiter. Im Gegenteil, Mark und ich freuen uns schon auf den Abend. Frau Tetens, die Wirtin, hat alle Gäste eingeladen, die Jahreswende unter Gottes Wort zu erleben.
Aber erst müssen wir noch nach Hinterzarten wandern um einzukaufen, denn mit unserem Auto kämen wir zwar vielleicht noch den Berg hinunter – obwohl auch das gefährlich ist –, aber nicht mehr herauf. Micha soll, während wir einkaufen, auf Martin und Mirjam aufpassen.
Mark und ich machen uns also auf den Weg. Beim Einkaufen bin ich immer sehr unruhig, ob daheim auch alles in Ordnung ist und die Kinder einigermaßen ruhig sind, besonders in einem fremden Haus, wo doch jeder seine Ruhe will. Mark ist da unbekümmert und sieht sich zu allem Überfluß noch die Läden an. Ich stehe dann daneben und trete von einem Bein auf das andere und denke immer an die Kinder. Alles andere interessiert mich überhaupt nicht. Ich möchte nur die notwendigen Sachen besorgen und dann rasch wieder heimgehen. Immer braucht man so viel Geduld! Und das ist so schwer zu lernen. Wenn wir dann nach mehr als zwei Stunden heimkommen und alles gut gegangen ist, denke ich: Gott sei Dank, daß du Geduld haben konntest, daß du durch die Ungeduld keinen Unfrieden gestiftet hast. Aber es ist immer wieder eine harte Probe, die es zu bestehen gilt.
Um halb sechs Uhr ist Gottesdienst in Hinterzarten. Wir wollen noch einmal hinunterwandern. Jetzt ist es schon tiefe Nacht. Mirjam bringe ich vorher zu Bett; sie ist zum Glück heute sehr müde und schläft auch gleich ein. Die Bu-

ben dürfen aufbleiben, bis wir zurückkommen. Ich freue mich wie ein Kind auf diesen Kirchgang durch den nächtlichen Winterwald. Über uns am Himmel glänzen die Sterne, die Mondsichel scheint auf uns herab, beschneite Tännchen säumen den schmalen Pfad. Es ist bitterkalt, 18 Grad unter Null. Der Schnee knirscht unter unseren Füßen. Ich muß an das Gedicht »Es wächst viel Brot in der Winternacht« denken. So eine Winternacht ist das heute: äußerlich kalt und abweisend, aber das Geheimnis des leise Keimenden in sich bergend.

Wir sind schon öfters diesen Weg gegangen, aber immer wieder ist es eine Überraschung: Man ist noch gar nicht richtig aus dem Wald herausgegangen, da steht man schon mitten im Dorf, und die leuchtende Pracht der kerzenbeleuchteten Christbäumchen umgibt einen. Zu schön, um wahr zu sein, denkt man, aber es ist doch Wirklichkeit. Über den Wiesen liegt in weichen Wellen der unberührte Schnee; er glitzert und funkelt im Widerschein der Kerzen. Heute, am Silvesterabend, geht es friedlich und ruhig zu; man meint, in eine Welt des Friedens und der Einigkeit versetzt zu sein: Drüben die dem Gotteshaus zustrebenden Kirchgänger, auf der anderen Seite die Spaziergänger, die sich die Auslagen der Geschäfte ansehen. Auch wir eilen jetzt der Kirche zu, um beim letzten Glockenklang gerade noch hineinzuhuschen.

Das ist der Abend, wo jeder an das kommende Jahr denkt. Daran knüpft auch die Predigt an. Was uns im Jahr 1971 erwartet, können wir nicht genau wissen. Eines steht aber fest: Es wird Scheidungen geben, Entscheidungen. Es wird viele Gelegenheiten geben, sich für das Gute oder für das Böse zu entscheiden. Es wird Entscheidungen über Grenzen geben: »bis hierher und nicht weiter«. Aber über allem wird das eine Große stehen: Wir werden uns für Jesus entscheiden können, diese Gelegenheit bietet sich jeden Tag, jede Stunde.

Diese Worte des Pfarrers beeindrucken mich stark, und ich weiß, daß ich alle Kraft und allen Mut dransetzen will, um mich im kommenden Jahr wirklich bewußt wieder in allen Zweifelsfragen für das Gute, für Jesus, seinen Geist, seinen Willen, einzusetzen und zu entscheiden. Es wird nicht leicht sein, und sicher werde ich immer wieder einen Schleichweg suchen, um an den Schwierigkeiten, an dem Kampf zur klaren Entscheidung vorbeizukommen, denn sie ist unbequem, kraft- und zeitraubend. O, ich werde es tun, ich werde kämpfen und überwinden in der Kraft Gottes.

Neujahr 1971

In guter Laune wachen wir alle im neuen Jahr auf, nicht zuletzt, weil wir wissen, daß wir noch ein paar Tage hierbleiben dürfen. Es ist aber auch zu schön hier, obwohl es jetzt noch kälter geworden ist. Wie fast jeden Tag scheint auch an diesem Neujahrsmorgen die Sonne. Das erste, was wir auch heute wieder tun, ist, aus dem Fenster zu sehen und uns an der Winterpracht zu freuen. Ein herrlicher Rauhreif hat jedes kleinste Zweiglein in einen glitzernden Torbogen verwandelt. Die Tannen am Waldrand, durch die Wintersonne von ihrer Schneelast befreit, stehen, weiß bezuckert, erhaben dar. Darüber spannt sich ein wolkenloser, tiefblauer Himmel.
Wir wollen die ersten sein, die heute draußen sind, ziehen uns deshalb schnell an und machen uns auf den Weg. Hinter dem Haus steigen wir den kleinen Fußpfad hinauf, der an den Waldrand führt. Auch die Kinder sind still und betrachten mit Staunen die Verwandlung, die die Natur mitgemacht hat. So empfängt uns ganz das Bewußtsein von Gottes Schöpfung, die so vollkommen angelegt ist, daß sie jedem Menschen alles an Schönheit bieten kann, was die suchende Seele zu ihrer Befriedigung auf Erden braucht. Ich denke, wie erschreckend es doch ist, daß sich unsere

Umgebung durch die Industrialisierung so gewandelt hat, daß wir einen weiten Weg machen müssen, um die Natur, die Schöpfung erleben zu können, ja um überhaupt empfänglich für sie zu werden. Heute sind wir ganz darauf eingestimmt; wir sind vollkommen befriedigt von der uns umgebenden Schönheit, wir sind von ihr durchdrungen.
Ein leises Weinen bringt mich in die rauhe Wirklichkeit zurück. Mirjam, die die Kälte ja nicht ertragen kann, rinnen die Tränen über die roten Bäckchen. Ich erschrecke, denn es ist höchste Zeit. Schnell ziehe ich ihr die Handschuhe aus und stecke ihre halb erfrorenen Fingerchen in meine warmen Fäustlinge. Ihre Füßchen sind zwar sicher auch kalt, aber wenigstens sind sie dauernd in Bewegung und stecken auch in pelzgefütterten Stiefeln, so daß hier nicht allzuviel passieren kann. Zum Glück sind wir aber nicht mehr weit von zuhause weg. So gehe ich mit ihr etwas voraus und mache Frühstück, bis die anderen kommen. Es soll etwas Besonderes geben. Eier sind noch im Kühlschrank – frische von der Bäuerin. Die werden uns jetzt nach dem Spaziergang schmecken! Einen Kuchen habe ich gestern auch noch besorgt – da kann jeder nach Herzenslust essen, was ihm schmeckt.
Ich höre sie schon den Schnee von ihren Schuhen abklopfen. Mit frischen, lachenden Gesichtern und einem großen Hunger stürmen sie zur Tür herein und bringen einen Schwall Kälte mit sich. Sicher haben sie nicht erwartet, daß das Frühstück schon auf dem Tisch steht. Verwundert und dann höchst befriedigt setzen sie sich an den Tisch. Am Nachmittag darf jeder tun, was er will. Die Buben haben Schlittenfahren vor, Mark will eine größere Wanderung machen, Mirjam und ich sind mit einer Bauersfamilie verabredet. Sie haben auch ein hirngeschädigtes Kind und freuen sich auf unseren Besuch.
Die Bauern wohnen in einem dieser typischen Schwarzwaldhäuser mit dem großen beschützenden Dach. Wenn

man in so ein Haus tritt, glaubt man sich fast um hundert Jahre zurückversetzt. Ein dunkler Gang; wir klopfen an eine Tür und stehen dann in einer unglaublich großen Küche. Die Bäuerin, eine junge hübsche Frau, macht sich am mächtigen Herd zu schaffen. Es brodelt und kocht und dampft aus den Töpfen, und es ist schön warm hier. Freundlich werden wir begrüßt und gleich ins angrenzende Wohnzimmer geführt. In der Mitte des Raumes steht das Laufställchen, und in ihm sitzt der vierjährige Markus, ein rundes, gutmütiges Pummelchen, leider mit deutlichen Zeichen der Krankheit. Er streckt sogar gleich seine Händchen nach der Mutter aus, die ihn lachend herausnimmt. Ein süßes Kind – aber Frau Bodner klagt mir voll Traurigkeit, daß Markus eben noch nicht laufen gelernt hat. Da versuche ich, ihr Mut zu machen und male ihr aus, wie schön es im Frühjahr und Sommer sein wird, wenn der Kleine anfängt, auf seine festen Beinchen zu stehen. Zuerst nimmt ihn sein älteres Schwesterchen noch an der Hand und führt ihn draußen überall herum. Aber einmal wird er dann doch das Händchen loslassen und wegzulaufen versuchen. Das ist dann der erste Schritt. Und wenn er auch noch oft hinfallen wird – auf dem weichen Boden ist es nicht schlimm. Frau Bodners Augen leuchten. Sie faßt Mut und Hoffnung. Wir spielen noch eine Weile mit Markus, der gar nicht ungeschickt ist und mit den Klötzchen allerlei anzufangen weiß. Sein Schwesterchen hat ihm schon manches beigebracht.
Es ist gemütlich hier in der Bauernstube mit dem Wärme ausstrahlenden grünen Kachelofen, der Ofenbank davor, den Holzstangen zum Aufhängen der Wäsche darüber. In der Ecke schnurrt ein Kätzchen leise vor sich hin. Man fühlt sich wirklich wohl hier. Auch die Bewohner des Hauses strahlen Herzlichkeit und Ruhe aus. Fast vergißt man, daß man im Jahre 1971 lebt. Nur der Fernsehapparat in der Ecke erinnert uns noch an die Gegenwart.

Als wir uns zum Gehen anschicken, drückt uns die Bauersfrau noch ein rasch zusammengestelltes Paket in die Hand. Sie sagt, sie habe sich so sehr über unseren Besuch gefreut, daß wir das Päckchen als Erinnerung mitnehmen müßten, und sie bittet mich, ihr doch einmal zu schreiben. Ich verspreche es und will ihr auch das Heft der »Lebenshilfe« besorgen.
Da kommen auch schon die beiden Buben von ihrer Schlittenfahrt in den Hof gesaust. Natürlich bemerken sie gleich das große Paket und können es kaum erwarten, bis wir es daheim auspacken. Aufgeregt öffnen wir es. Da kommen Weihnachtsbrötchen die Menge heraus, nach Schwarzwälder Art gebacken, daneben ein kleiner Karton mit 20 Eiern und zuunterst zwei Stücke feinster Schwarzwälder Schinken. Ist das ein Geschenk für den letzten Tag unseres Hierseins! Auch Mark macht große Augen, als er von seiner Wanderung heimkommt. Er meint:»Weißt du was, auf den Schinken hätte ich jetzt großen Appetit. Sollen wir ihn anschneiden?« Es wird wieder einmal ein Fest daraus. So fällt uns auch der Abschied durch dieses nette Ereignis leichter. Wir haben liebe Freunde gewonnen und werden mit ihnen in Verbindung bleiben.
Frau Tetens klopft leise an die Tür und reicht uns wortlos das Gästebuch herein. Wir haben so manche Stunden in vertraulichem Gespräch verbracht und wären gern noch einige Tage hier geblieben. Aber der Alltag fordert wieder sein Recht. Frau Tetens ist auch ein wenig traurig, denn die Einsamkeit hier oben ist nicht immer leicht zu ertragen. Wir schreiben ihr ein paar Zeilen in das Buch:

> Aus Hetze und Jagd sind wir gekommen,
> beladen mit Mühsal und Last.
> Da haben wir vernommen
> den Ruf zur Ruh von der Hast.

> Der Tetenshof hieß uns willkommen,
> mit Freude, mit Wärme und Güt',
> wir alle dürfen erfahren
> das Einssein in Christo, der Lieb'.
>
> Die Seele, der Leib und die Glieder
> erholten sich und genasen bald.
> Wir sagen, wir möchten wieder
> mal in den schwarzen Wald.
>
> Mit dem Wunsch um Gottes Segen
> und weiterhin Friede und Freud
> auf allen Tetenshof-Wegen
> verabschieden wir uns für heut.

ES IST JETZT ALLES ANDERS *Anfang Mai 1971*

Ja, unser Leben hat sich – fast könnte man sagen: grundlegend – geändert. Bisher waren wir eine große, feste Familie, und jeder konnte das eine sichere Gefühl haben: Mutter und Mirjam sind immer zuhause. Wenn wir heimkommen, ist Mutter da, empfängt uns, hört sich unsere Sorgen an und sagt uns, was wir tun und lassen sollen.
So ist es nun lange gegangen, neun Jahre. Eine lange Zeit, sehr lange wenigstens im Vergleich zu den raschen Veränderungen unserer Tage. Aber jetzt ist alles anders. Mirjam und ich sind nicht immer da, wenn die anderen heimkommen. Alle sind selbständig geworden, mußten es werden, fast von heute auf morgen. Jedes hat seine ernste Aufgabe, die es möglichst gut erfüllen muß.
Mirjam ist nun viereinhalb Jahre alt. Schon seit einiger Zeit sind Bestrebungen im Gang gewesen, einen Sonderkindergarten, der dringend benötigt wird, einzurichten. Das war aber ein solch langwieriges und mühsames Unterfangen,

daß Monat um Monat ohne Fortschritte verging. Aber plötzlich kam eine Hilfeleistung zur anderen, und am 2. Mai war es soweit: sechs Mütter standen mit ihren behinderten Kindern am Eingang des Hauses »Sterntaler«. Wie es uns zumute war, zeigt ein kleiner, auch in der Presse veröffentlichter Bericht:

»*Großer Tag für kleine Leute,*
oder eigentlich mehr für uns Mütter. Schon wochen-, monatelang sehnen wir ihn herbei, freuen wir uns auf ihn. Er ist da; es ist soweit!
Heute dürfen wir unsere Kleinen in die Tagesstätte bringen, damit sie dort weiter gefördert werden und auch damit sie selbständig werden; sie sollen sich nicht nur im Kreis der Familie und der Geschwister bewegen, sie sollen sich auch an andere Kinder gewöhnen und nicht immer die besorgte – vielleicht allzu besorgte – Mutter um sich haben.
Da steht das hübsch eingerichtete Holzhaus, das unsere Lieblinge aufnehmen soll. In den letzten Wochen herrschte dort emsiges Treiben, alles sollte schön sein zum geplanten Einzugstermin. Es hat viel Mühe und Arbeit gekostet, das sieht man.
Wir betreten das geräumige, holzverkleidete Spielzimmer. Es gibt dort alles, was Kinderherzen erfreut: Vom Schaukelpferd, von Puppen und Wiegen über sinnvolle Steck- und Hammerspiele bis zu bunten Großbaukästen und anschaulichen Kinderbüchern. Ein Gestell, auf dem kleine Kugeln auf treppenartigen Bahnen abwärts rollen, hat es den meisten angetan. Für jeden ist ein ihn besonders begeisterndes Spielzeug da.
Die helle Küche findet das Interesse von uns Müttern. Wie nett sie eingerichtet ist! Ja, die Kinder dürfen hier auch mittagessen, so daß sie den überwiegenden Teil des Tages in Gemeinschaft mit anderen Kindern erleben können.
Mit einem weinenden und einem lachenden Auge geben

wir also unsere Kinder ab. Nein, wir können uns noch nicht ganz trennen. Das wäre zu hart. So setzen wir uns noch eine Weile auf die kleinen Stühlchen und spielen mit. Langsam, ganz langsam verlieren die Kinder ihre Scheu – und wir unsere Angst. Die freundlichen Kindergärtnerinnen verstehen es dann mit viel Geschick bei den Kleinen und den Großen, die Trennung für die paar Stunden leichter zu machen. Morgen sind wir es dann schon gewohnt.
So konnte der sehnliche Wunsch von uns Eltern nach weiterer Förderung unserer behinderten Kinder endlich in Erfüllung gehen. Die Tagesstätte soll zur Vorbereitung für die spätere Aufnahme in die Sonderschule dienen. Es ist wirklich eine Beruhigung, unsere Kinder in so guten Händen zu wissen.
Wir sind dankbar, daß sich die Mitarbeiter der ›Lebenshilfe‹ mit allen Kräften für diese Sache eingesetzt haben. Sonst müßten wir unsere Kinder weiterhin daheim behalten, müßten wir die Last weiter täglich allein tragen.«

16. Mai 71

Ja, nun sind wir also schon vierzehn Tage in diesem Fahrwasser. Ich habe mir ein kleines Auto gekauft. Das Geld dazu habe ich zusammengespart aus Arbeiten, die ich für ein Stuttgarter Studio übernommen hatte. Es ist ein Opel Kadett, Baujahr 1965, äußerlich keine Schönheit mehr, aber dafür rot lackiert. Das reißt alles heraus.
Der Tag mit den Kindern fängt um sieben Uhr an. Micha muß um 7.45 Uhr in der Schule sein. So kommt er als erster dran. Ich bin froh, daß er gern aufsteht; früher war es sehr unbequem für mich, daß er dauernd so früh aufstand, denn da holte er mich immer aus dem Bett. Heute kommt mir seine Gewohnheit zugute, und ich habe nicht viel Mühe mit ihm. Folgsam trinkt er seinen Kaba und ißt sein Brot dazu. Um halb acht geht er aus dem Haus. So, der erste wäre weg.

Aber jetzt wird es schwierig; ich habe die größten Schwierigkeiten, Martin wach zu kriegen. Er schläft so gern, und er braucht diesen Schlaf auch, denn er ist so ein mageres Bürschchen. Es tut mir ein bißchen leid, ihn zum Aufstehen zwingen zu müssen; aber wir werden ja sonst nicht fertig. Nach geduldigem Zureden sitzt auch er am Kaffeetisch. In der Zwischenzeit mache ich die Betten der Buben und räume schnell auf, damit nicht alles herumliegt, wenn ich gehe.

Dann wird es noch schwieriger. Mirjam ist überhaupt nicht bereit aufzuwachen. Ich setze sie hin und halte sie fest, damit sie zu sich kommen soll. Manchmal lasse ich sie auch wieder zurücksinken und warte noch ein paar Minuten. Verzweifelt beginne ich dann den Kampf wieder. Ich rede ihr zu, ich singe ein Morgenlied, ich weine zwischendurch. Ich kann nicht mehr. Ich kann wieder; die Zeit verrinnt. Irgendwie bringe ich diese Arbeit aber jeden Morgen hinter mich.

Es ist acht Uhr, aber Martin ist noch nicht fertig. Da kommt Andreas, sein treuer Freund, der ihn immer abholt. Manchmal ist er mir wirklich eine Hilfe, denn er sorgt mit dafür, daß Martin sich fertigmacht und frühstückt. Ich lege noch die Kleider bereit, die er anziehen soll und stelle Kaba und Brot auf den Tisch. Dann sage ich den beiden noch, wenn der Zeiger auf 3 stehe, müßten sie gehen; sie kennen ja die Uhr noch nicht.

Dann packe ich Mirjam ins Auto, und wir fahren los zum Kindergarten. Vorher müssen wir aber noch in das einige Kilometer entfernte Dorf fahren, in dem die Kindergärtnerin wohnt, und sie abholen, da sie keine Möglichkeit hat, anders zur Arbeit hinzukommen. Sie steht schon am Gartentor. Eigentlich will Mirjam sie nicht ins Auto hereinlassen, und es gibt immer, halb lachend, halb weinend, einen kleinen Kampf, bis sie im Auto sitzt.

Wenn wir am Kindergarten angekommen sind, kommen

die kritischsten Minuten. Mirjam weint, weil sie weiß, daß ich sie nach einem kurzen Täuschungsmanöver verlassen werde. Erst darf sie das Tor aufschließen. Das tut sie mit der einen Hand; die andere klammert sich noch immer fest um meine, und sie paßt auf wie ein Luchs, daß ich nicht verschwinde. Inzwischen kommen wir zur Haustür. Während ich sie nun durch die Tür schiebe, lege ich ihr Händchen in das der Kindergärtnerin und schleiche mich weg. Zwar bemerkt Mirjam gleich den Wechsel; aber sie sieht mich nicht mehr gehen, und dann ist der Schmerz nicht so groß. Abends, wenn ich sie dann abhole, sagt man mir immer, daß sie sich nach ein paar Minuten beruhigt hätte. Das merke ich auch, denn manchmal stehe ich unnötigerweise noch draußen vor dem Haus und horche angestrengt, wie lange und wie laut Mirjam weint, damit ich meinen Schmerz auch noch erhöhe.
Mein Herz ist schwer, wenn ich allein wegfahre. Nun waren wir natürlich jahrelang so gut wie nie voneinander getrennt. Ich war es gewohnt, von den Augen des Kindes das abzulesen, was es bewegte. Ich machte sie fröhlich, wenn sie traurig war, ich besprach mit ihr alles, was immer wir gemeinsam tun wollten. Sie verstand mich ganz genau. Wer würde jetzt auf die Eigenart des Kindes eingehen? Wird wohl der Gewinn des Lernens, des Spielens mit den anderen größer sein als die gleichmäßige mütterliche Liebe und Beachtung? Ich weiß es nicht. Manchmal meine ich, Mirjam sei sehr traurig geworden. Das merke ich hauptsächlich daran, daß sie nicht mehr lustig umherspringt, daß sie nicht mehr am Tisch sitzt und nach Herzenslust singt. Wie oft hat sie sich vorher ein Liederbuch geholt, es sich in einer Ecke gemütlich gemacht und lustig drauflosgesungen. Nun ist sie recht still, fast willenlos folgsam, ohne besondere Zeichen der Freude, fast bedrückt. Wenn ich sie aufmuntern will, tut sie so, als ob sie mich nicht verstünde. Die Veränderung muß ihr sehr nahegehen, und mir auch.

In diesen ersten Wochen scheint auch von mir die Freude gewichen zu sein; es fehlt mir das Einanderliebhaben, das Sorgen für das Kind und seine dankbare Erwiderung.

BERUFSTÄTIG *Ende Mai 71*

Schon tritt eine neue einschneidende Veränderung ein, die mich frühere Sorgen vergessen läßt. Wir sitzen am Mittagessen, natürlich ohne Mirjam. Mark sieht mich schelmisch an und sagt: »Ab Montag ist eine Abteilung bei uns unbesetzt, die Leiterin hört heute auf. Wenn nun Mirjam nicht da ist, könntest du diese Arbeit doch übernehmen. Komm heute mittag ins Geschäft und laß dir alles übergeben, damit du am Montag gleich anfangen kannst.« Überraschungen bin ich ja gewohnt, aber diese Häufung ist schon ein tolles Stück! Erst verschlägt es mir natürlich die Sprache. Aber dann fange ich an, genau durchzudenken, wie man das alles organisieren könnte. Ich muß ja in einer Stunde hingehen und den Dingen, die auf mich zukommen, ins Auge sehen. Wie denkt sich das Mark eigentlich? Heute hört die andere auf, und am Montag mache ich weiter, als ob nichts geschehen wäre. Normalerweise geht so etwas ja nicht; aber es kann gut sein, daß es bei uns geht – bei uns geht ja fast alles.
Das würde dann aber heißen, daß ich die Kinder sich selbst überlassen muß und meinem Mann mit wehenden Fahnen zu Hilfe eile. Was tut in diesem Fall eine Frau und Mutter? Zieht es sie mehr zu ihrem Mann oder zu ihren Kindern? Wo liegt die Verantwortung, wie weit geht sie – für beide? Ich entscheide mich für Mark. Das Vertrauen, das er in mich setzt, reizt mich ungeheuer. Er weiß, daß ich die Aufgabe übernehmen kann, und da darf ich ihn nicht enttäuschen und will es auch nicht. Wie herrlich, mit Mark wieder zu-

sammenarbeiten zu können! Mit den Kindern wird es schon irgendwie gehen. Morgens sind sie in der Schule, mittags würden sie ihre Hausaufgaben machen, dann spielen. Und um vier Uhr bin ich ja dann wieder zuhause.
Mark hat im Geschäft wohl ein bißchen große Töne gespuckt und gesagt, es würde eine Frau kommen, die alles übernehme und die Arbeit erledige. Nun gut, soweit ist alles in Ordnung, denn ich weiß, daß ich das kann. Und dann bin ich also am Nachmittag zur Stelle. Das Personal weiß sich im ersten Moment vor lauter Überraschung kaum zu helfen. Es ist in ihren Augen eigentlich unmöglich, daß ich diese Arbeit machen will. Aber ich stehe unternehmungslustig da und erkläre, doch, ich würde aushelfen, wenn im Augenblick niemand sonst zu bekommen sei. Ich vermute auch, daß mich die Angestellten für diese Tätigkeit nicht für qualifiziert halten. Aber sie werden ja sehen. Auf jeden Fall lasse ich mir alles zeigen, übernehme die laufenden Arbeiten und bereite alles für den Montag vor.
Dann fahre ich wieder heim. Beruf und Familie sind zwei Welten, und ich muß mich erst besinnen, was ich jetzt eigentlich zuerst tun muß. Wo sind die Kinder? Ach ja, Mirjam abholen. –Auf einmal ist es unwichtig, was das Kind den Tag über gemacht hat, wie oft es geweint hat, ob es gegessen hat. Nun sind auch bei mir Probleme in den Vordergrund getreten, die weniger wichtige völlig verdrängen.
Was machen die Buben? Natürlich haben sie in der Wohnung etwas Unordnung angerichtet. Aber merkwürdig – sie sind nicht unglücklich darüber, daß sie allein gewesen sind. Sie haben sich selbst Brote gestrichen und ihre Freunde zum Vesper eingeladen. Als ich ihre Selbständigkeit sehe, muß ich an die Worte denken, die mir ein Vater vor einiger Zeit gesagt hat. Er hat sieben Kinder großgezogen. Da habe ich ihn einmal gefragt, wie er sie denn alle erzogen habe, daß sie so wohlgeraten seien. »Gar nicht erzogen«, meinte er. Sie hätten in bestimmten Grenzen ihre

Freiheit gehabt und wären selbständig geworden. Man solle an den Kindern nicht herumerziehen. Ich war tief beeindruckt. Und heute erinnere ich mich wieder daran, wie glücklich auch unsere Kinder in ihrer Selbständigkeit sind. Ich bin aber doch froh, daß wir so wohlbehalten alle wieder beieinander sind nach diesem Zwischenspiel.
Höchst vergnügt, wie ich ihn lange nicht gesehen habe, kommt Mark am Abend heim. »Nun, wie war's, ist die Überraschung gelungen?« meint er. Und ob sie gelungen ist! Zwar mache ich ein belustigtes Gesicht, doch bin ich etwas verzagt und merke erneut, welche Last ich mir aufgeladen habe. Niemand weiß, wie lange es dauern wird und ob meine Kraft ausreicht. Aber fragt denn die Liebe danach? Nein, niemals! Liebe ist stark, und in vollem Vertrauen auf Gottes besondere Zuwendung und spendende Kraft und Energie werde ich ruhig über meiner Entscheidung, die ich an sich rasch und ohne viel Besinnen getroffen habe. Schon oft habe ich erfahren, wenn man bei solchen Dingen jedes Wenn und Aber erwägt, ist gleich der ganze Segen dahin, und es bleibt nur die Schalheit einer wohlüberlegten, im Für und Wider erlangten Entscheidung. Alles Feuer und aller Eifer sind erloschen.

Mitte Juni 71

Vierzehn Tage bin ich nun berufstätig; die Einarbeitung, die schlimmsten beiden Wochen, liegt hinter mir. Eigentlich hat sich alles ganz gut eingespielt. In innigster Gemeinschaft mit Jesus im Gebet und durch das Lesen in der Bibel beginne ich den Tag. Ich denke mich in die Probleme Marks und der Kinder hinein, in die Sorgen jedes einzelnen: Mit Micha bespreche ich die Schulstunden; ich mache ihn noch auf das eine und andere aufmerksam, wir wiederholen die Rechenaufgaben. Es liegt mir daran, ihm meine besondere Fürsorge zu vermitteln und ihm zu zeigen, daß ich in dieser

Vorbereitungsstunde ganz für ihn da bin. Das verleiht ihm Sicherheit.
Dann kommt Martin dran. Ihn muß ich immer ein wenig anregen und seine Aufmerksamkeit auf irgendein Spiel richten, das er im Kindergarten dann spielen kann. Es ist ihm so langweilig dort. So erfinden wir immer wieder etwas Neues, und ich mache es ihm schmackhaft, so daß er letzten Endes doch immer mit Zuversicht loszieht. Manchmal stecke ich ihm noch ein wenig Geld in sein Täschchen, damit er sich eine Brezel kaufen kann und einen Kaugummi. Dann ist er selig – und ich bin erleichtert. Ich kann keinen traurig sehen.
Für Mirjam brauche ich weiter viel, viel Geduld. Man darf sie nicht daran erinnern, daß sie in ein paar Minuten in den Kindergarten gehen muß. Sie gewöhnt sich nur sehr langsam an die neuen Verhältnisse. Manchmal weint sie leise vor sich hin, wenn wir wegfahren. Ich muß dann meinen ganzen Mut zusammennehmen.
Seit einigen Tagen holt ein Schulbus der »Lebenshilfe« Mirjam in den Kindergarten ab. Das Kind ist aber noch sehr ängstlich. Schon wenn sie den Bus herfahren hört, klammert sie sich weinend an alles, was sie erwischt, und sträubt sich mit Händen und Füßen dagegen, in das Auto verfrachtet zu werden. Mit sanfter Gewalt muß ich sie hineinsetzen und die Tür zumachen. Rasch drehe ich mich um, und der Bus fährt weg. Es ist am besten so.
An sich hätte ich jetzt, morgens um acht, schon eine Ruhepause nötig. Aber meine weitere, große Aufgabe beginnt erst. Schnell mache ich mich zurecht und fahre ins Geschäft.
Unterwegs überlege ich, mit welchen Arbeiten ich im Büro anfange, welche Probleme zuerst besprochen werden müssen. Mark hatte mir als Hauptaufgabe gegeben, ich solle so viel Ruhe wie möglich verbreiten, mit Geschick und Einfühlungsvermögen die Leute anleiten und daneben die Arbei-

ten in meiner Abteilung erledigen, ohne in Verzug zu geraten. Da durfte ich – zu meiner Rettung – keine Sekunde meiner Zeit an Nebengedanken verlieren. Es war sicher gut so, denn wie hätte ich mich wegen der so plötzlichen Trennung von Mirjam bemitleidet!
Kurz vor Mittag fahre ich von der Arbeit wieder nach Hause. Die vier Kilometer Fahrt reichen gerade zum Überlegen, was ich kochen will. Fest steht nur, daß zum Essen immer drei Teile gehören: Fleisch oder Wurst, dann Nudeln, Kartoffeln oder Reis und schließlich Gemüse oder Salat. Wenn ich also am Vortag nicht eingekauft habe, muß ich das jetzt noch tun. Da wird es sehr knapp mit der Zeit, denn Mark kommt manchmal schon um Viertel nach zwölf nach. Jetzt tauche ich wieder in die Hausfrau- und Mutter-Sphäre ein. Micha und Martin sind schon da und teilen mir gleich ihre Erlebnisse mit. Mit halbem Ohr höre ich hin, mit der anderen Hälfte meiner Gedanken bin ich beim Kochen. Meist gelingt die Mahlzeit, und ich wundere mich, wie das nur zugeht. Aber nicht ich, sondern Gottes Kraft ist in mir mächtig.
Mark geht um ein Uhr wieder ins Geschäft. Ich soll eine Stunde später nachkommen. Ich wasche das Geschirr ab, und Micha macht nebenher die wichtigsten Schulaufgaben am Küchentisch. Dann besprechen wir, was die Buben am Nachmittag unternehmen wollen. Mal gehen sie ins Hallenbad, mal spielen sie Fußball. Immer finden wir eine Beschäftigung, und ich kann einigermaßen beruhigt gehen. Am Nachmittag drängt sich immer alles zusammen, denn die Post muß rechtzeitig für Mark zum Unterschreiben fertig sein, damit sie noch weggeschickt werden kann.
Dann ist es sechzehn Uhr, ich habe Feierabend. Manchmal falle ich fast in Ohnmacht, wenn ich sehe, welches Durcheinander im Kinderzimmer herrscht. Kleider und Schuhe liegen herum, mehrere fremde Kinder sind im Garten, die Schranktür steht offen; da weiß ich schon, daß sie Süßigkei-

ten herausgenommen haben. Das dürfen sie zwar ab und zu, aber eigentlich nur, wenn sie vorher gefragt haben. Wenn ich nun nicht da bin zum Fragen, was sollen sie tun? Darüber müssen wir noch miteinander reden.
Das sind dann die Augenblicke, wo mir wieder große Zweifel kommen, ob meine Entscheidung, Mark bei der Arbeit zu helfen, auch richtig war. Wenn die Kinder nun langsam, aber sicher verwahrlosen? Dieser Schaden wäre nie wieder gutzumachen. Eigentlich sollte ich sie jetzt hereinholen und sie alles aufräumen lassen. Manchmal tue ich das auch. Oft bin ich auch zu müde und kann die Energie nicht aufbringen, danebenzustehen und aufzupassen, bis alles ordnungsgemäß erledigt ist. Da mache ich es lieber selber; es ist in der halben Zeit geschehen.
Um halb fünf kommt Mirjam heim. Schon von weitem höre ich den Schulbus. Ich eile zum Gartentor. Mirjams Augen leuchten, wenn sie mich sieht, und an ihren Lippen kann ich ablesen, daß sie »Mama« sagt. Da öffne ich schnell die Tür von außen, und sie hüpft in meine ausgebreiteten Arme. Wir haben uns wieder! Eine ganze Weile läßt sich mich nicht mehr los. Meist habe ich ihr schon eine Brezel gekauft und für sie hingestellt; ihr zuliebe trinke ich ein Täßchen Caro-Kaffee, von dem sie die Hälfte bekommt. Das gefällt ihr ungemein, und sie fühlt sich in der wiedererlangten Geborgenheit des Zuhauses wohl.
Bis acht Uhr kann ich mich den Kindern widmen und den Haushalt machen. Dann kommt Mark nach Hause. Er ißt abends nichts oder nur ein wenig Joghurt; die Kinder wurden vorher schon versorgt. Da habe ich es einfach.
Mark und ich haben nun noch ein wenig Zeit, uns zu unterhalten, und er diktiert die dringendste Post für den nächsten Tag auf Band. Oft schreibe ich auch einen Teil davon noch schnell am Abend. Darüber ist er froh.
Todmüde, aber erfüllt von dem Bewußtsein, die einem von Gott gegebene Kraft unter Hintanstellung aller persönli-

chen Wünsche für eine besondere Aufgabe, für ein tägliches Hingeben in der Liebe verwendet zu haben, beschließen wir dann den Tag. Es ist mir immer das größte Anliegen, daß Gott seinen Segen zu unserer Arbeit gibt, daß wir ein Vorbild sein können für die anderen. Denn wo sollten wir uns denn sonst bewähren als mitten im Beruf? In jeder Stunde kommt es darauf an, wie wir uns verhalten, wie Gottes Geist uns regieren kann, damit wir das tun, was wir sollen. Die Verantwortung ist ungeheuer groß. Manchmal will sie mir zu groß erscheinen. Doch dann werfe ich mich in meiner Angst in Jesu Arme, der mich erfüllt mit seinen Verheißungen. Er weiß, daß wir in der Welt Angst haben, aber er ist größer als sie; ihm und somit uns stehen alle Mittel zur Verfügung, diese Angst zu vertreiben, uns Mut und Zuversicht zu verleihen. Und so geschieht es, daß wir nach dem Kampf, der ein Reinigungsprozeß ist, getrost und freudig dem kommenden Tag entgegensehen können.

Ende Juni 71

Eines Morgens – ich bin noch nicht ganz wach – höre ich das starke Husten von Mirjam. Ein Schreck durchfährt mich: Mirjam ist krank. Was soll ich jetzt tun? Eines steht fest: ich muß ins Geschäft. Also muß ich für Mirjam jemand finden – und zwar auf der Stelle. So weit ist es nun, denke ich traurig, daß ich das kranke Kind weggeben muß zu anderen Leuten. Aber ich darf im Büro nicht fehlen. Sie erwarten, daß ich da bin und daß ich pünktlich da bin. Es ist völlig unmöglich, Mark zu enttäuschen. Inzwischen rückt der Uhrzeiger unaufhaltsam weiter. Ich muß handeln. Da klingelt das Telefon, Mark ist am Apparat. Er bringt eine schlechte Nachricht: Die Telefonistin ist krank. Er meint: »Sei so gut und bediene heute das Telefon, ich weiß sonst niemand mehr. Wann kommst Du?« Ich höre mich sagen, daß ich mich beeilen und kurz nach acht Uhr da sein werde.

Ich lege den Hörer auf und besinne mich erst jetzt darauf, was ich da eigentlich gesagt habe. Während des Telefonierens habe ich mich so intensiv und unvoreingenommen mit Marks Schwierigkeiten befaßt, daß ich einfach nicht wagte zu sagen, daß Mirjam krank sei. Aber eine Wahl gibt es jetzt nicht mehr. Es ist entschieden.
Ich gehe gleich zu unseren alten Leutchen im zweiten Stock hinauf, die Mirjam auch sonst schon ab und zu beaufsichtigt haben. Wenn sie nichts Besonderes vorhaben, nehmen sie Mirjam sicher wenigstens am Vormittag. Ich klingle, und Frau Kaiser erscheint im Morgenrock. Sie blickt sehr erstaunt, denn mein Kommen zu dieser frühen Stunde ist ungewöhnlich. Da bringe ich mein Anliegen vor, und zum Glück sagt sie freundlich ja. Das würden sie gern tun; ich solle Mirjam nur gleich hochbringen. – Wie froh und dankbar bin ich, daß hier der Weg augenblicklich geebnet war. Mirjam geht dann auch gern die Treppen hinauf und läßt sich willig in die Wohnung führen. Sie wird gedacht haben: »Auf jeden Fall mal besser als Kindergarten.« Eine Sorge weniger für diesen Vormittag!
Während der Fahrt zum Büro versuche ich mir klarzumachen, was eigentlich auf mich zukommt. Erst einmal kenne ich mich ja in der Telefonzentrale gar nicht aus. In Minutenschnelle wird mich jemand einweisen, der auch kaum etwas davon versteht. Und dann werde ich durch diese Unsicherheit einer enormen Nervenbelastung ausgesetzt sein, die mir doppelt so viel Kraft raubt als die andere Arbeit. Aber die andere Arbeit ist ja auch noch da! Und ich habe sogar noch Rückstände von der Vorgängerin aufzuarbeiten! Schon bisher habe ich mir jeden Tag eine halbe Stunde freigehalten, um Ordnung zu schaffen. Ich spreche mir aber selber Mut zu und sage mir: Es kommt nicht mehr, als ich ertragen kann. Ich mache einfach eines nach dem anderen. Es ist ja bis heute schon so viel gegangen und gut gegangen. Warum soll ich jetzt verzweifeln? Es kann doch ganz gut

sein, daß sich Gott selbst um mich kümmert, seine Engel schickt, daß mir die Arbeit gelingt und ich außergewöhnliche Kraft für sie bekomme. Natürlich – aber dann darf ich mich nicht länger sorgen, darf nicht zagen; ich muß es glauben, dann wird es so sein. Alle Angst weicht, ich werde völlig ruhig.
Mark empfängt mich gleich an der Tür und sagt mir, was ich tun muß und was ich nicht tun darf, und im übrigen spricht er mir Mut zu und meint, diese Kleinigkeit werde ich schon schaffen. Wieder finde ich keine Worte, Mirjams Krankheit zu erwähnen. Ach, was will man hier in diesem Getriebe, wo jeder fragt, schimpft, ruft und keine Zeit hat, davon auch wissen. Ich bemühe mich, auch an diesem Posten Mark keine Schande zu machen; und es geht, ich schaffe »diese Kleinigkeit«.
Beim Mittagessen endlich kann ich mit Mark reden. Zwar nimmt er freundlich Anteil an Mirjams Krankheit, doch was hätten wir am Morgen mit Mitleid anfangen sollen? Dann hole ich die Kleine herunter von Kaisers. Sie hat hohes Fieber, das merkt man an ihrem heißen Köpfchen und an den Händchen. Wenn sie heute mittag schlafen würde, dann könnte ich ja beruhigt ins Geschäft gehen. Das ist eine Idee! Ich gebe ihr ein Beruhigungsmittel gegen das Fieber und lege sie ins Bett. Gleich ist sie auch schon eingeschlafen.
Im Büro denke ich immer wieder an die Kinder. Micha habe ich eingeschärft, leise zu spielen und immer wieder zu horchen, ob Mirjam noch schläft. Ich würde schon gern anrufen, doch wage ich es nicht, damit ich das Kind ja nicht aufwecke. So muß ich eben warten, bis es vier Uhr ist.
Ja, es ist noch alles ruhig, als ich heimkomme. Und jetzt gleich zur Ärztin! Es ist eine Sommergrippe, die man eben ausstehen muß. Aber sie weiß schon, daß bei uns das Gesundwerden schnell gehen soll und verschreibt entsprechende Arzneien, ohne daß ich ihr viel erklären muß, wie sie uns helfen kann und was sie uns geben muß.

EIN NEUER SOMMER — *Ende Juli/Anfang August 71*

Wieder ist das größte Ereignis des Sommers, der Urlaub, in greifbare Nähe gerückt. Wenn es nur erst soweit wäre! Die Kinder haben schon Ferien – und ich muß täglich noch ins Geschäft. Wie soll das nur gutgehen? Mirjam geht zum Glück in den Kindergarten. Aber die Buben? Vielleicht könnten sich Oma und Tante ihrer annehmen? Ich möchte zwar möglichst, auch in schwierigen Zeiten, unabhängig von anderen sein, aber diesmal ist es ganz anders als sonst, denn es geht um die Kinder. Auf keinen Fall darf ich sie sich selbst überlassen. Tante Marieluise meint, sie hole die Kinder, sobald sie dienstfrei habe. Da haben wir wenigstens eine Hoffnung. Einstweilen behelfen wir uns mit allem möglichen.

Ehe ich ins Geschäft gehe, suchen wir alles zusammen, was zum Schneidern benötigt wird. Es sollen Indianeranzüge werden. Ich denke: Vielleicht können die Kinder das wirklich, und überlasse sie ganz ihrer Phantasie. Diesen Vormittag wenigstens haben sie etwas zu tun.

Tatsächlich, sie haben es gut gemacht. Als ich mittags heimkomme, bin ich überrascht. Es ist alles fix und fertig zusammengeheftet. Zu meinem Schrecken haben sie alte Hosen aus dem Kleiderschrank herausgesucht und Fransen hineingeschnitten. Aber die Buben sehen so zünftig aus, daß ich den aufsteigenden Ärger gleich vergesse. Die Jakken aus buntem Stoff, ebenfalls über und über mit Fransen verziert, passen vorzüglich. Vor lauter Buntheit und Fransen sieht man gar nicht, wo und wie sie zusammengenäht sind. Das ist auch ganz egal – Hauptsache, die Kinder haben ihre Freude damit. Den Nachmittag wollen sie mit Spielen verbringen, da brauchen sie keine weitere Anregung. Micha sagt, sie würden sowieso nicht fertig, bis sie alles herausgesucht hätten, was dazugehört: Pfeile, Bogen, Hüte, alte Sandalen.

Der nächste Tag gehört dem Fußballspielen. Das ist an sich nichts Besonderes, aber bei uns schon. Da müssen nämlich Tore gemacht werden. Aus der Kommode im Keller holen wir erst einmal alte Stores zusammen. Dann werden lange Stangen im Garten in den Rasen gesteckt und die Gardinen dazwischengespannt. Die Spiellinien des Platzes werden mit Kinderpuder gestreut. Einmal kam ich gerade dazu, als sie dafür Mehl nehmen wollten: eine Gabe Gottes gegen den Hunger. Ich konnte diesen Mißbrauch gerade noch verhindern. – Aber etwas anderes kann ich nicht verhindern: Nach zwei Tagen ist der Rasen vor den Toren so abgewetzt, daß die braune Erde sichtbar wird. Das gefällt Mark gar nicht, aber ich sage immer: »Das ist das kleinere Übel. Gras wächst nach. Doch was man an Kindern versäumt, das ist nicht so leicht wieder gutzumachen. Wenn sie Fußball spielen, haben sie ihre Bubenfreude. Das ist die Hauptsache.«
Und dann kommt eines Abends der Anruf, daß die Kinder ein paar Tage zu Oma und Tante dürfen. Das ist für mich eine große Erleichterung, denn dort sind sie an Leib und Seele gut versorgt. Ich kann wieder aufatmen. Ja, es ist eine große Aufgabe, Kinder immer sinnvoll zu beschäftigen. Andere Leute schicken ihre Kinder einfach fort: »Spiel mit anderen!« Wenn es dann fünf Uhr wird, beginnt das Fernsehprogramm – und schon sind die Kinder wieder versorgt. So einfach können wir uns das nicht machen! Wer Kinder hat, muß ein Stück seiner Zeit und seiner Kraft für sie haben und Phantasie entwickeln.
Noch eine Woche bis zum Urlaub gilt es zuhause auszufüllen. Es ist ein hartes Stück Arbeit, denn jetzt ist auch Mirjam zuhause. Und wieder kommt unerwartete Hilfe. Einer unserer Bekannten kommt überraschend und meint, er wolle die Steinplatten auf unserer Terrasse, die mit der Zeit ungleichmäßig abgesunken sind, neu verlegen. Was kann mir Besseres passieren? Unser Freund ist kinderlieb und häus-

lich veranlagt, so daß diesmal alles Gute beieinander ist. Die Kinder dürfen dem Onkel helfen, was sie mit Feuereifer tun; Mirjam spielt drumherum.
Ich kann nicht sagen, wie dankbar ich für diese glückliche Lösung bin. Wie hätte ich ohne diese Hilfe Gottes durchkommen sollen? Ehe ich mir die Hilfe erbat, war die Anweisung schon gegeben. Gott hat einen sehr genauen Terminkalender.

5. August 71

Gestern endlich war mein letzter Arbeitstag vor dem Urlaub. Die Tante war gekommen, um mir zu helfen, die Wohnung in Ordnung zu bringen. Welche Überraschung! So gut ist es mir noch nie ergangen. Es war unheimlich erleichternd, nachmittags von der Arbeit heimzukommen und sich um nichts mehr kümmern zu müssen: Alles war fertig, alles eingekauft; nur noch packen mußte ich. Es war fast unglaublich!
Mark hatte versprochen, um 19 Uhr in der Firma Schluß zu machen. Naja, ich hatte mich aus langjähriger Erfahrung auf 20 Uhr eingestellt. Und tatsächlich, um diese Zeit tauchte er zuhause auf. Rasch packten wir seine Siebensachen, denn wir wollten doch einige Stunden schlafen, ehe wir – gegen ein Uhr – starteten.
Die Fahrt verläuft dank des guten Geleits, das wir erbeten haben, ohne Zwischenfall. Um sechs Uhr abends kommen wir müde und abgekämpft in Cala Canyelles an der Costa Brava an und finden auch bald das Haus Simona, in dem wir eine Ferienwohnung gemietet haben. Es steht auf einem Felsen hoch über dem Meer und ist von den für diese Gegend charakteristischen Pinien umgeben. Wir öffnen gleich die Läden – und fast verschlägt es uns die Sprache: Unter uns liegt die zauberhafte Bucht, leuchtend grünes Wasser umspielt die Felsen; das weite Meer tut sich vor uns

auf. Am anderen Ufer der Bucht kleben in spanischem Stil erbaute Häuschen wie eingebettet in schattenspendende Bäume. Es ist, als ob jedes Anwesen eine ruhige kühle Oase sei in der sengenden Mittelmeersonne. Und tatsächlich: Bei uns hier oben weht eine leise Brise vom Meer her, und es ist angenehm kühl.

10. August 71

Ich glaube oft zu träumen. Nachts, wenn ich aufwache und eine Weile mit meinem Asthma kämpfe, sehe ich vom Bett auf das Meer; der Mond steht am Himmel, und die sich kräuselnden Wellen werden von gelblich-weißem Licht übergossen. Unaufhörlich sprüht weißer Gischt auf den Sand, Welle um Welle. Stundenlang, selbst am Tage, sitze ich am Fenster oder auf dem Balkon und sehe diesem Naturschauspiel zu. Es wird mir nicht langweilig. Endlich einmal kann ich meine Gedanken zu Ende denken; das will ich schon lange, und immer habe ich keine Zeit dazu. Jetzt genieße ich so recht diese Einsamkeit.
Das Schwimmen und das Strandleben füllt unsere Tage. Jeden Morgen – die Sonne scheint ja fast immer! – packen wir unsere Badesachen zusammen und gehen zum Aufzug, der sich gleich neben unserem Haus befindet. In einer Minute befördert er uns im Felsen nach unten, und ein Tunnel, der einer Tropfsteinhöhle ähnelt, führt rasch ins Freie. Wir sind am Strand. Dort stecken wir den Sonnenschirm in den Sand und breiten darunter eine Wolldecke aus. Mark schwimmt meist gleich weit ins offene Meer hinaus; ich dagegen vergnüge mich mit den Kindern in Strandnähe. Micha hat viel Spaß am Tauchen; er hat vor dem Urlaub noch eine Ausrüstung geschenkt bekommen. Seine Schwimmkünste sind – auch ohne Schwimmkurs – recht gut. Bei uns machen die meisten Kinder soundsoviele Schwimmkurse mit, und ich bekam schon Gewissensbisse, Micha nicht

auch hingeschickt zu haben. Aber die Erfahrung zeigt, daß es auch ohne geht.
Martin wagt sich auch recht weit hinaus mit seinem Schwimmring. Manchmal bekomme ich Angst, weil er sich so weit entfernt hat. Hat der Kerl denn keine Angst? Leicht könnte es geschehen, daß er aus dem Ring herausrutscht – und was dann? Soweit wir können, müssen wir auf uns selber achtgeben, sonst kann uns Gott nicht immer vor Schaden bewahren.
Mirjam will natürlich auch schwimmen und plagt mich dauernd, sie im Wasser zu halten und ihr die Schwimmzüge zu zeigen. Das braucht Kraft und Geduld, und manchmal bleibt für mich kaum noch Zeit, selbst ein Stück zu schwimmen. Ja, es dauert auch in diesem Urlaub wieder eine ganze Weile, bis ich mich dreinfinde, daß ich für die Freude aller zu sorgen habe und mein Bedürfnis nach Ruhe und meine Hoffnung auf Entspannung zurückstellen muß. Ob es allen Müttern so geht?

12. August 71

Mirjam ist krank geworden und eine rechte Sorge. Mittags lege ich sie meist für eine Stunde ins Bett. Da wacht sie doch gestern mit dem bekannten Husten auf, es ist der sogenannte falsche Krupphusten, der oft nur auf einer Schwellung der Kehlkopfschleimhaut beruht und ganz plötzlich auftritt. Ach, daß sie gerade diese Krankheit bekommen muß! Ich suche gleich mein Arzneipäckchen heraus. Ja, Hustenmittel sind dabei. Aber ob sie ausreichen für diesen schweren Husten? Unter normalen Umständen nicht, darüber bin ich mir ganz im klaren. Daheim hat die Ärztin immer Sulfonamide gegeben, weil meistens auch Fieber dazugekommen ist. Nun, diese Mittel haben wir hier nicht. Wenn es gar nicht anders geht, muß ich eben einen Arzt ho-

len. Das ist aber auch ein Wagnis: er kennt das Kind und seine Krankheit ja nicht. – Aber noch ist es nicht soweit. Zunächst versuche ich es mit den Arzneimitteln, die ich dabei habe.
Es ist eine schwere Nacht. Oft muß ich aufstehen und Mirjam mit Tee oder durch Herumtragen beruhigen. So wandere ich denn mit dem wimmernden Kind auf dem Arm in der Küche umher, bis es eingeschlafen ist. Behutsam, daß sie ja nicht aufwacht, lege ich mich dann mit ihr wieder ins Bett. An einen ordentlichen Schlaf kann ich nicht denken, denn nach kurzer Zeit geht es von neuem los. Wer kann helfen? Der eine, der auch im Urlaub bei uns ist. Ich wende mich in dieser Nacht mit der Bitte um Besserung an ihn, immer wieder, bis der Morgen graut und Mirjam und ich in einen längeren Schlaf sinken.
Als ich aufwache, ist alles wie sonst: Mirjam ist munter, als ob die schwere Nacht gar nicht gewesen wäre. Auch den Tag über ist ihr nichts anzumerken. In der folgenden Nacht schläft sie gleichmäßig. Ist sie so schnell gesund geworden? Doch am nächsten Abend bricht die Krankheit wieder aus. Als wir nun so dasitzen – ich habe das kranke Kind auf dem Schoß –, klopft es. Unsere Nachbarin, die mit ihrer Familie im anderen Teil des Hauses wohnt, schaut herein. Sie habe gehört, daß unsere Kleine einen Husten habe und wolle mir deshalb einige ihrer Arzneimittel anbieten. War das eine Freude über diese Anteilnahme! Noch in Anwesenheit der Nachbarin gebe ich dem Kind eine Arznei. Merkwürdigerweise beruhigt sich Mirjam gleich – und ich lege sie schlafen. Ach, wenn es helfen würde – wäre das ein Geschenk! Ja, es geht der Besserung entgegen, aber langsam. Noch haben wir unruhige Nächte, aber die schreckliche Angst ist von uns genommen.

18. August 71

Immer wieder fragt mich Mark, ob wir uns nicht einen Stierkampf ansehen sollen. Solange Mirjam krank war, haben wir die Entscheidung immer wieder hinausgeschoben. Mir liegt – ehrlich gesagt – nichts daran. Aber ich merke, daß Mark gerne zu einer solchen Veranstaltung gehen würde. Damit sind die Würfel gefallen. Ich kann mir nicht denken, daß Mark Spanien verläßt, ohne einen Stierkampf erlebt zu haben. Heute schließlich haben wir uns Karten gekauft und steigen, als es Abend wird, die Treppen der riesigen Arena hinauf. Fünftausend Menschen soll sie fassen, hat man uns erzählt. Schon sind die meisten Plätze besetzt. Sogar Kinder dürfen dem Schauspiel beiwohnen.

Ein Trompetenstoß zeigt den Beginn der Veranstaltung an. Eine der fünf Türen wird geöffnet, und herein springt ein schwarzer Stier, feurig und wild. Plötzlich befinden sich auf dem runden Sandplatz auch die Stierkämpfer, ein Torero und drei bis fünf Helfer, alle farbenprächtig in spanischer Tracht.

Zunächst reizen und foppen die Helfer mit ihren rosa Tüchern den Stier; es ist ein ungewohntes, komisches Spiel. Dann tritt der Torero in Aktion. Er schwenkt sein tiefrotes Tuch geschickt hin und her, umtänzelt das Tier, läßt es auf das Tuch zuspringen, von rechts, von links, von vorne und von hinten. Ist ihm eine besonders elegante Passage gelungen, klatschen die Zuschauer und feuern ihn mit Zurufen zu weiteren Bravourstückchen an. Ein zweiter Trompetenstoß beendet diese Phase des Kampfes. Nun treten drei Matadore zusätzlich auf; jeder hat zwei bunte Stäbe in den Händen, an deren Ende sich eine scharfe Spitze mit Widerhaken befindet. Auf den Rängen wird es sehr still, die Spannung in der Arena wächst. Durch geschicktes Zusammenspiel wird der Stier so gelenkt, daß ihm ein Matador zunächst zwei Stäbe in den Rücken sticht, dann weitere zwei. Wieder ein Trompetenton. Manchmal gelingt es dem

Stier, einen oder zwei Haken abzuschütteln, aber nicht immer. Blut rinnt jetzt über das dunkle Fell. Das Tier ist verletzt und wird wild, dennoch wird es aufs neue gereizt. Denn jetzt beginnt der Hauptauftritt des Toreros. Man reicht ihm einen messerscharfen Degen. Zunächst schlingt er das rote Tuch darum und bringt den gereizten Stier langsam zur Raserei. Es ist ein gefährliches Spiel. Mit gesenktem Kopf springt der Stier den Torero an, und wehe, wenn der nicht zentimetergenau ausweicht. Einmal kann er sich nur mit einem Sprung über die Barriere retten. Mit einem dumpfen Krachen prallt der wütende Stier gegen die Holzwand.

Weiter geht das Spiel jetzt mit dem offenen Degen in der einen, dem Tuch in der anderen Hand. Wieder einmal stößt das Tier haarscharf am Torero vorbei! Da stößt er dem Stier die Waffe in ihrer ganzen Länge in den Rücken; ich denke fast, sie müsse unten wieder herauskommen. Es soll der Todesstoß ins Herz sein; aber damit ist der Stier noch nicht erledigt. Er dreht sich, schon todesmüde, langsam immer um seine eigene Achse, weil die Matadore ihre Tücher immer noch vor seiner Nase hin- und herschwenken. Endlich wird er aber doch von seinen Leiden erlöst und sinkt schwer zur Erde, wälzt sich auf die Seite; dumpf fällt sein Kopf auf den Sand. Der Tierarzt, ganz in Weiß gekleidet, eilt herbei, gibt einem der Matadore ein kurzes Messer. Zur Sicherheit noch ein Stich in den Hals des Tieres, dann ist der ungleiche Kampf zu Ende. Das Tier liegt reglos. Um seine Hörner wird jetzt eine Kette gespannt, und zwei Pferde schleppen es dem Ausgang zu. Der schwere Körper schleift im Sand; sein blutiges Maul zieht eine rote Rinne.

Die Zuschauermenge nimmt es gleichmütig hin. Für sie ist es ein gewohntes Spiel. Ich bin bis ins Innerste verletzt und empört: Wie kann so etwas in unserer Welt geschehen? Wie kann man ein Tier eine Viertelstunde lang zu Tode quälen und sich einen Spaß daraus machen?

Es folgen noch fünf weitere Kämpfe; an diesem Abend müssen insgesamt sechs Tiere auf so grausame Weise ihr Leben lassen. Es ist entsetzlich. Wohl sagt man, es seien nur Tiere; aber auch sie haben eine Seele. Und das Seufzen dieser Kreatur kommt mit furchtbarem Gericht über alle diejenigen, die die Macht des Menschen über das Tier mißbraucht haben. Ich kann es kaum fassen. Ist das Volk hier so verroht? Und wie können wir in den nächsten Tagen diesen Menschen unbefangen begegnen?

Mitte August 71

Meine Gedanken sind noch immer überschattet von der Erinnerung an die Quälerei in der Arena. Auch Mark redet immer wieder davon. Doch das Leben geht weiter – und die Erinnerung tritt zurück.
Wie freuen wir uns, daß Mirjam ihre Krankheit fast ganz überwunden hat! So können wir das Ende unseres Urlaubs noch ein bißchen mit frohem Herzen genießen: unsere schöne Wohnung, den herrlichen Ausblick auf die Bucht, das Baden im warmen Wasser des Meeres und die wohlige Müdigkeit am Abend. Ich koche gerne in diesen Tagen, und ich koche Gutes und richte es lecker zu. So hat auch das Essen teil an der Festlichkeit dieser letzten Urlaubstage.

WEIHNACHTLICHER BESUCH *nach Weihnachten 71*

Ich weiß nicht, woran es lag, aber in diesem Jahr umgab uns alle vor dem Fest eine ungewohnte Ruhe und Gelassenheit. Vielleicht kam es zum Teil daher, daß die Kinder älter waren, verständiger. Micha etwa wollte schon den Christbaum schmücken. Wenn er mithelfen durfte, befriedigte ihn das weit mehr, als wenn er vor der für seine Begriffe

›zusammengebastelten Überraschung‹ des leuchtenden Christbaumes bei der Bescherung stand. So ließ ich ihn diese Arbeit ruhig machen. Martin entwirrte derweil die Elektroschnüre der Kerzen. Das war eine sinnvolle Beschäftigung für ihn.

Vor allem aber richteten wir unser ganzes Augenmerk auf die Gäste, die wir zur Bescherung und zum Abendessen eingeladen hatten. Mark und ich hatten uns nämlich Gedanken gemacht, wie wir wohl den Gastarbeitern in der Firma, die nicht heimfahren konnten, eine Freude machen könnten. Es gab keine lange Überlegung: Wir wollten sie im Kreise unserer Familie den Heiligen Abend mitfeiern lassen. Ob sie es annahmen? Kurze Zeit hatte ich ein wenig Sorge, sie würden nein sagen und sich genieren. Aber nein, sie wollten gerne kommen und freuten sich ganz offensichtlich über die Einladung.

Der Eßzimmertisch sollte der Gabentisch für die Gäste werden. Die Kinder und ich schleppten alles herbei, was wir für sie gekauft hatten. Jeder bekam eine Packung Taschentücher, eine Flasche Wein, einen Teller Weihnachtsgebäck und Orangen. Auf jede Ecke des Tisches stellten wir einen Teller, in die Mitte einen schönen Blumenstrauß. Die Buben durften den Tisch mit Tannenreis dekorieren. Wie sich die Kinder freuten, daß sie bei dieser Überraschung mithelfen durften! Wir erlebten es alle wieder: Der Schenkende ist der Beschenkte. Langsam wurde es dämmrig. Auf fünf Uhr waren die Gäste angesagt. Und Punkt fünf klingelte es. Mark ging langsam hinaus. Micha und ich zündeten die Kerzen an, und bis die Gäste hereinkamen, war alles bereit.

Schön hatten sie sich gemacht! Jeder hatte einen dunklen Anzug an und ein weißes Hemd. Sie durften sich an ihre Plätze setzen, und wir sangen unsere Weihnachtslieder – so unbefangen wie sonst. Mit leuchtenden Gesichtern lauschten sie unserem Gesang. Wie gerne ließen sie sich mit hineinnehmen in unsere Art zu feiern, die deutlich auf die An-

betung des Jesuskindes hinwies. Wie immer las Mark die Weihnachtsgeschichte, und die Kinder sagten ihre Gedichtlein. Aufmerksam sahen wir alle zur Krippe unter dem Christbaum.
Unsere Gäste konnten es kaum glauben, daß wir ihnen ein kleines Geschenk gemacht hatten. Sie meinten immer, das sei für die Kinder. Aber endlich hatten sie es doch begriffen, und sie bedankten sich wieder und wieder.
Von Frau Kaiser, die sich darauf gut verstand, hatte ich mir einen Hasen braten lassen. Den holte ich jetzt schnell; dazu gab es Spätzle, verschiedene Salate und zum Nachtisch Eis. Da saßen wir alle vergnügt um die Festtafel; jeder durfte nach Herzenslust schmausen, soviel er wollte. Aber der Braten wurde trotzdem bei weitem nicht alle. Deshalb sagte ich unseren Besuchern, ich würde ihn einpacken und ihnen mitgeben, damit sie morgen auch noch ein Festessen hätten. Mit Freuden nahmen sie an; einer von ihnen konnte ganz gut kochen und sagte gleich, er werde das schon machen.
Einem der Gäste war etwas traurig zumute, und er sagte: »Jetzt meine zwei Kinder nach Papa fragen, und er nicht zuhause.« Wie von einer unsichtbaren Hand geführt kletterte Mirjam von ihrem Stuhl, ging zu ihm, schlang ihre Ärmchen um seinen Hals und küßte ihn. Er ließ sich die Liebkosungen gern gefallen, und Tränen rannen über sein Gesicht. Dann durfte Mirjam auf seine Knie sitzen. Dabei lächelte sie ihn liebevoll an. Im richtigen Moment hat sie das einzig Richtige getan: nämlich dem traurigen Menschen die größte Freude des Abends, ja seiner ganzen Abwesenheit von zuhause, geschenkt. Niemals wäre sie allein auf Grund seiner Worte zu einem Fremden so zärtlich gewesen. Aber Gottes allumfassende Liebe kann sich über alle Vernunft eines schwachen Kindes bedienen, um wirksam zu werden.
Später unterhielten wir uns noch einige Zeit darüber, wie

die Familien unserer Gäste in Jugoslawien lebten. Es war ein unerschöpfliches Thema, denn sie erzählten gern von daheim. So konnten wir ihre Sorgen teilen, und sie waren froh, daß ihnen jemand zuhörte.

Um zehn Uhr wollten sie sich verabschieden. Freudestrahlend nahmen sie ihre Geschenke an sich; auch der Braten wurde eingepackt. Sie konnten sich nicht genug tun mit Bedanken; es wollte fast kein Ende nehmen.

Am Heiligen Abend einmal für andere da zu sein – das war für uns alle etwas Besonderes. Die Gedanken der Kinder kreisten noch um das Erlebte. Die Berichte von dem ganz anderen Leben in Jugoslawien beschäftigten ihre Phantasie. Wohl spielten sie, wie auch in früheren Jahren, mit ihren Geschenken. Aber der stärkere Eindruck war in diesem Jahr doch der Besuch der Gastarbeiter. Noch tagelang unterhielten sie sich über das, was sie gehört und erlebt hatten.

DER SPRUNG INS UNGEWISSE *Januar/Februar 72*

Schon seit dem Herbst hatte ich den bestimmten Eindruck, daß irgendeine Wende in unserem äußeren Leben eintreten würde. Dieses Wissen und Ahnen verband sich mit dem Wunsch und dem Verlangen, für unsere Familie auf irgendeine Weise mehr Gemeinsamkeit zu schaffen. Irgendein lebendiger Impuls mußte ihr zugeführt werden, ein Mittelpunkt, ein Bezugspunkt, an dem wir alle uns in unserem Tagesablauf orientieren konnten. Irgendwie fühlten wir uns verstreut, zerrissen.

Es trieb und drängte mich, besonders auch Mark wieder glücklich zu sehen, ihm Ausgeglichenheit zu schenken – und sei es durch den Einsatz der ganzen Kraft, die ich habe, und auch der, die ich nicht habe. Ich würde sie mir schon erbitten – und erhalten.

Denn ob wir es uns eingestehen wollten oder nicht, wir waren doch insgeheim oft sehr traurig über die Veränderung in unserer Familie, die durch das behinderte Kind, durch Mirjam, eingetreten war. Und heimlich ist da auch immer irgendwo das große oder kleine Schuldgefühl, das man – glaube ich – nie ganz los wird. Es verfolgt einen die ganze Zeit, und man kann sich nicht dagegen wehren. Es sitzt sehr tief in der Seele.
Jeder Tag erinnert uns durch irgendwelche Kleinigkeiten daran, daß unsere Handlungsfähigkeit eingeschränkt ist. Ohnmächtig schicken wir uns in unsere Lage, aber wir können uns kaum noch unbeschwert freuen. Stumpfsinnig schleppen wir uns durch manche Tage hindurch.
Ich wünschte und wollte eine völlige Veränderung unserer Umstände; es sollte ein bahnbrechendes Ereignis eintreten. Doch wie sollte es zugehen, und was sollten wir wohl dazutun? Nun, ich brauchte es eigentlich nicht zu wissen. Aber eines wußte ich: es würde ein Wink kommen in nächster Zeit, der uns auf unsere künftige Aufgabe hinwies. Eines war für mich klar: Vor dem Sommer würde bei uns alles anders sein.
Mark kam zufällig mit einem Dachdecker ins Gespräch, der sein Geschäft aufgeben wollte. Zuerst nahmen wir die Sache gar nicht wichtig, luden den Mann aber doch einmal ein. Vielleicht konnten wir ihm in seinen Sorgen helfen.
War es eine Chance für uns, das Geschäft zu übernehmen? Ich wußte es nicht genau, und das Sicherste in solchen Fällen ist, die weitere Entwicklung geduldig abzuwarten, Unzumutbares abzulehnen und in finanziellen Dingen auf der Hut zu sein. Wir waren uns einig: Gott hielt die Fäden sicher in seiner Hand, und wenn wir auf sein Handeln merkten, würden wir seinen Willen tun.
Die Firma befand sich in einer Stadt etwa zwanzig Kilometer von uns entfernt. Eines Samstagabends fuhren wir dorthin, und die anstehenden Fragen wurden auch gleich

eingehend besprochen. Manches gefiel uns natürlich gar nicht, besonders was die Finanzen anbetraf. Da sah es trüb aus, und es würde vieler Anstrengungen bedürfen, Licht ins Dunkel zu bringen. Aber hier konnte ich wieder einmal sehr stolz auf Mark sein. In solchen Situationen, wo wichtige Fragen geklärt werden mußten, war er nicht zu schlagen. Er konnte seine Argumente so klar darlegen, daß überhaupt kein Zweifel an seinen Worten aufkam. In seiner unerschütterlichen Sachlichkeit liegt eine gewaltige Stärke, und jeder, der es nicht ehrlich meint, läßt nach einem solchen Gespräch die Flügel hängen. Das merkte ich auch hier. Auf gar keinen Fall wollten wir einen eigenen Weg gehen. Wenn wir in diese Branche einsteigen sollten, dann konnte niemand wider uns sein; alles würde uns gegeben werden. Zwar traten zunächst einschneidende Schwierigkeiten auf, in denen ich aber die Weisheit Gottes sah, daß wir uns nicht mit hemmungsloser Freude und ungebändigtem Tatendurst in diese neue Aufgabe hineinwarfen. Geduldig, Schritt für Schritt, folgten wir dem für uns gebahnten Weg und hielten aufmerkend an, wenn Zwischenfälle eintraten. Meist ging es aber doch wieder langsam voran. Das eine stand jedoch bald fest: Wir konnten die Firma nicht übernehmen. Ihre Lage war viel zu verworren. Da würden wir lieber selbst eine Firma gründen.

10. März 72

Heute arbeite ich den letzten Tag im fremden Geschäft. Mit einem lachenden und einem weinenden Auge nehme ich Abschied, denn ich hoffe, ein besseres Teil erwählt zu haben durch die Gründung unserer eigenen Firma. Es ist schnell gegangen, alles. Ich wurde beinahe überrumpelt, die Ereignisse haben sich überstürzt. Aber ich fühle mich jetzt auch erleichtert. Jeder Mensch, ob Mann oder Frau, sieht sich irgendwann in seinem Leben vor Dingen, die er

mit seinem Gewissen – wenn es noch einigermaßen rein ist
– nicht vereinbaren kann. Deshalb freue ich mich auf unser
eigenes Geschäft, das wir so führen können, wie es vor Gott
und Menschen recht ist. Wir haben den Mut, diese Verantwortung auf uns zu nehmen, uns zu bewähren. Ach, wird
das schön werden!
Schon am letzten Montag haben zwölf Monteure für unsere
Firma die Arbeit an einem großen Projekt aufgenommen.
Vorausgegangen sind natürlich umfangreiche Auftrags-
und Vertragsverhandlungen, der Kauf von Montagefahrzeugen, eines Autokrans, von Maschinen und Geräten.
Das Büro haben wir im Untergeschoß unseres Hauses eingerichtet.

17. März 72

Mark ist noch immer in seiner anderen Firma ganztags tätig,
und ich in unserer eigenen. Welche Menge an Verantwortung da auf mich zukommt, habe ich zum Glück nicht gleich
erfaßt. In gläubigem Aufsehen auf Jesus und in dem blinden Vertrauen, daß er mich die richtigen Entscheidungen
treffen läßt, mache ich täglich meine Arbeit. Die ganze Aufgabe ist ja neu für mich, so wären Fehler eigentlich unvermeidlich gewesen. Aber es ist noch kein einschneidender
Irrtum vorgekommen. Mit Staunen sehe ich immer wieder,
mit welcher Sicherheit Gott uns durch diese Anfangswochen hindurchführt.
Freilich bedrückt es mich manchmal, daß ich tagsüber so
allein stehe und alle Verantwortung allein tragen muß.
Mark ist aber noch in der Geschäftsleitung der anderen
Firma tätig, und so muß ich zunächst in unserer Firma manches selbst entscheiden. Zum Glück kann Mark aber abends
früher Schluß machen, so daß er ab fünf Uhr da ist. Dann
besprechen wir alles, er unterschreibt die wichtigste Post
und macht oft noch Besuche bei Architekten, bei denen ich

ihn auf Grund unserer Angebote angemeldet habe. Sein tägliches Arbeitspensum ist riesengroß, und ich habe manchmal Sorge, ob er diese Überbelastung aushält. Aber wir werden so gestärkt, daß uns auch das Übermaß der Arbeit nicht in die Knie zwingt. Es kann nicht anders sein: Gott gibt schon jetzt sichtbar seinen Segen zu unserem Tun: Angelegenheiten, die im Himmel beschlossen werden, tragen schon von vornherein die Kraft einer günstigen Entwicklung, einer segensreichen Entfaltung in sich. Der Grundstein ist von Gott gelegt, da rütteln Menschen vergebens daran.

EINE SCHLAFLOSE NACHT *20. März 72*

Mark ist heute, am Samstag, nach Cham gefahren, wo wir eine Baustelle anfangen, ein Flachdach für eine Auto-Werkstatt. Er hat noch einen Fahrer mitgenommen, da unser Kranwagen dorthin gebracht werden soll, um das Material und später den Kies auf das Dach zu heben. So bin ich mit den Kindern allein und kann mich fast ausschließlich um sie kümmern. Wir genießen das, und es gibt einen freundlichen, harmonischen Tag.
Mark kommt spät nach Hause. Natürlich hat es wieder Ärger gegeben, und er ist in ziemlich gedrückter Stimmung. Ich kann ihn nicht gerade aufheitern, denn im Büro sind am Abend noch einige Schwierigkeiten aufgetreten. Nach denen fragt er natürlich gleich, und bald sind wir mitten in unseren Sorgen. Um halb zwölf ist das letzte Gespräch mit dem Betriebsleiter und den Bauleitern beendet. Wir sind restlos erledigt. Wortlos sitzen wir da, jeder hängt seinen besonderen Gedanken nach. Da will Mark zu sprechen anfangen. Ich muß ihn zurückhalten, weil ich ja schon von vornherein nahezu mit Sicherheit weiß, was er sagen will, und dabei ist mir selber so elend zumute. Wenn andere auf

ihrem Tiefpunkt angelangt sind, und ich fühle mich ebenfalls schwach und ausgebrannt, dann fürchte ich mich davor, noch mehr in diese Hoffnungslosigkeit hineingedrängt zu werden und daraus nicht mehr los zu kommen. Ich kann es nicht hören von ihm, denn mein Herz tut weh bei dem Gedanken, daß wir schon acht Wochen an der großen Baustelle gearbeitet haben und das Geld noch nicht da ist. Ach, dann werden sie uns das Haus nehmen und wir sitzen auf der Straße und haben noch Schulden dazu. Das haben wir uns nun eingebrockt mit dem Geschäft!
Meine Gedanken wandern weiter: Und wie sollen wir weitere anstehende Baustellen finanzieren, wenn kein Geld da ist? Die Aufträge haben wir angenommen und die Verträge unterschrieben. Die Arbeiten müssen ausgeführt werden. Aussteigen können wir nicht mehr, sonst ist unser Ruf dahin. Und auf den legen wir ja größten Wert.
»Wo ist denn dein Glaube jetzt?« frage ich mich. Ich weiß, daß ich ihn brauche und daß ich ihn wieder finden werde. Ein Trost überdies: Morgen ist Sonntag, und ich habe Zeit, alles zu verarbeiten. Oft arbeitet die Zeit auch für sich allein. Sie legt sich schonend über alle Unruhe und ist Balsam für die verstörte Seele.
Wenn die Sorgen so übergroß sind, ist man nicht mehr müde. Da verweht der Schlaf. Trotzdem gehen wir ins Bett, der Sonntag ist ja bereits angebrochen. Mark schläft sehr unruhig, er redet im Traum. Oft stöhnt er und wirft sich von einer Seite auf die andere.
Ich versuche, meine Gedanken zu ordnen, um wieder klar zu sehen. Warum eigentlich sollte es Gott unmöglich sein, uns zu helfen? Wir haben ja ehrlich für das Geld gearbeitet, und wenn er will, daß wir es bekommen, wer sollte sich dann dagegen stellen? Daß uns die Firma nach so langer Zeit noch nicht bezahlt hat, das kann vielerlei Ursachen haben. Aber ich weiß, Gott wird seine Kinder, die ihm vertrauen, nicht verlassen. Und wir haben das Geschäft in sei-

nem Namen begonnen, und ich will es, bis Mark die Führung selbst übernehmen kann, in Gottes Namen fortführen. Es muß möglich sein, vor Gott und den Menschen recht zu handeln und doch mit beiden Beinen in dieser Welt zu stehen. Von ihm darf ich die notwendigen Aufträge und auch das Geld erbitten, das wir brauchen. In der Dunkelheit fühle ich, daß Jesus mir ganz nahe ist. Er ist bei mir, er hat alles in der Hand, und das ist so unglaublich tröstlich und Kraft und Hoffnung spendend, daß ich zu der festen Zuversicht gelange: wir haben nicht umsonst gearbeitet; wir werden das Geld und auch so viele Aufträge bekommen, wie wir brauchen, um unsere Leute weiter zu beschäftigen. Wir werden gesegnet sein.
Ich bin sehr glücklich über diese Zusage. Aber gleichzeitig bin ich mir mit ganzem Ernst dessen bewußt, daß wir treu sein müssen, daß wir seinen Willen tun, daß wir uns von seinem Geist allein leiten lassen. Dann gibt es ein Zusammenwirken der Kräfte, die Gutes tun.
Ich muß daran denken, wie Gott mir in den dunklen Stunden, als unsere Mirjam noch klein war, Glauben geschenkt hat. Und heute? Es wäre schlimm, wenn mein Glaube in den dazwischenliegenden Jahren nicht gewachsen wäre, wenn ich heute, wo es um die volle Verantwortung geht, nicht die Anfechtung erdulden und im Glauben stark sein könnte.
Gegen Morgen schlafe ich ein. Als ein kleines Händchen sanft über mein Gesicht streicht, wache ich auf. Mirjam beugt sich über mich und lächelt mich an. Das ist ein so freundliches Erwachen nach dieser Nacht, daß ich gleich frohgemut und ausgeglichen aus dem Bett springe. Mirjam will noch nach dem Papa sehen, aber ich ziehe sie gleich wieder weg; er soll noch etwas schlafen, er hat es so nötig, nach diesem anstrengenden Samstag.
Als er dann aufsteht, stehen ihm die Sorgen noch auf die Stirn geschrieben. Ich berichte ihm gleich von meiner neu

gewonnenen Gewißheit, daß alles recht würde. Mark sieht mich zuerst prüfend an, aber dann weiß er Bescheid und freut sich auch. »Du wirst wieder recht haben«, meint er. Ich merke, daß auch er sichtlich erleichtert ist.

24. April 72

Heute morgen ist wirklich ein Wunder geschehen. Schon tagelang haben wir uns den Kopf zerbrochen, wo wir weitere Flachdachmonteure herbekommen sollen. Bei mehreren Bauvorhaben, die wir zwar rechtzeitig eingeplant haben, deren Rohbau aber verspätet fertiggeworden ist, muß gleichzeitig das Dach isoliert werden. Mit dieser plötzlichen Arbeitsüberlastung haben wir natürlich nicht gerechnet und haben deshalb zu wenig Leute. Wo aber sollen jetzt Facharbeiter herkommen? Wenn welche auf dem Markt waren, haben andere Flachdachfirmen sie längst eingestellt. So sah die Lage nach menschlichem Ermessen aus. Bei Gott aber nicht.
Am Samstag ist mir plötzlich eingefallen, ich könne am Montag das Arbeitsamt anrufen. Blödsinn, dachte ich, die werden auch keine Leute herumstehen haben – völlig absurd, so ein Gedanke!
Irgendwie hat mich dieser Gedanke aber nicht losgelassen, und so wollte ich es heute morgen beim Arbeitsamt versuchen. Ich rief an und brachte mein Anliegen vor. »Was?« sagte der Vermittler, »Dachdecker und Isolierer suchen Sie? Da sitzen vier, die wollen Arbeit. Haben Sie auch Unterkünfte?« – »Natürlich«, meinte ich, »die haben wir.« Aber ich traute der Sache nicht recht und konnte nicht glauben, daß die Hilfe so nah war. Im gleichen Augenblick wußte ich dann aber, daß Gott auch hier seine Hände im Spiel hatte und daß ich ihm ruhig vertrauen durfte. So ließ ich die Leute mit Sack und Pack zu mir ins Büro kommen. Bald

standen sie auch vor der Tür, große stämmige Jugoslawen, denen man ansah, daß sie arbeiten konnten. Sie wurden von einem unserer Bauleiter gleich in den Betrieb und zur Unterkunft gefahren, einem älteren Haus, das wir gemietet und für die Arbeiter eingerichtet hatten. Insgesamt hatten wir zweiundzwanzig Jugoslawen und daneben noch zehn Deutsche.

Heute abend erfahre ich zu meiner besonderen Freude, die heute eingetretenen vier Männer, die schon am Nachmittag auf der Baustelle mitgeholfen haben, leisten solide Arbeit und sind tüchtige Fachkräfte.

Gegen alle menschliche Voraussicht hatte ein kurzes Telefongespräch genügt, um uns genau so viel Arbeiter zu vermitteln, wie wir benötigten. Da mußte ich an den Spruch denken, den mein Vater oft gebrauchte: »Was dir Gott beschert, bleibt dir unverwehrt.« Ja, so ist es, solch ein Wort redet von realen Glaubenserfahrungen. »Bescheren« setzt Gehorchen und Vertrauen voraus.

18. Mai 72

Aber ich möchte noch eine zweite Geschichte erzählen, die von Schwierigkeiten mit dem Personal berichtet. Eines Abends stellen sich zwei deutsche Monteure vor, die als Isolierer bei uns arbeiten wollen. An sich sind wir froh, wenn wir noch zwei geschickte Leute in die jugoslawischen Gruppen einfügen können. Als wir die beiden Arbeiter ansehen, wissen wir nicht so recht, was wir sagen sollen. Mark läßt sie zunächst die Personalbogen ausfüllen und schaut sie sich genauer an. Aus ihren Angaben geht nichts Negatives hervor; die Papiere stimmen auch. Wir nehmen sie also zur Probe. Aber sie brauchen ein Zimmer. Auch das noch! Ich fahre mit ihnen zum Wohnungsbüro und bekomme auch gleich eine Adresse. Na, denke ich, wenn das

alles klappt, wird es schon recht sein. Die Zimmervermieterin, bei der ich die Herren vorstelle, ist auch nicht abgeneigt. Sie können gleich da bleiben.
Am anderen Morgen kommt das dicke Ende. Die Vermieterin, Frau Morgott, ruft mich an; sie ist völlig außer sich und erzählt mir hastig, daß die beiden Männer heute nacht getürmt seien, nicht ohne ihr vorher hundert Mark zu stehlen. Sie hätten abends noch in ihrer Wohnung telefoniert. Einen Augenblick habe sie die beiden allein gelassen, und nachher habe sie – eigentlich durch Zufall: ihre Tochter brauchte das Geld noch am selben Abend für einen Flug nach Berlin – festgestellt, daß ihr der Betrag fehle.
Es tut mir furchtbar leid, daß die Vermieterin, die uns helfen wollte, von den beiden Halunken bestohlen wurde, und ich fühle mich verpflichtet, die Sache wieder gutzumachen. Als Frau Morgott das hört, ist sie sichtlich erleichtert; das merke ich. Ich verspreche, in den nächsten Tagen zu ihr zu kommen und die Angelegenheit mit ihr zu regeln.
Die Zwei haben uns also hereingelegt! Ich bin sehr betrübt über diesen Vorfall. Aber zum Glück können wir doch einiges wieder gut machen, und das ist Grund zur Dankbarkeit. Das eigentlich Schlimme bei solchen Vorkommnissen ist ja, daß ein bitterer Rest im Herzen hängen bleibt, den man als Last tagelang mit sich schleppt.
Heute ist Freitag. Ich muß rasch zur Bank und Geld für die Lohnvorschüsse holen. Da wird mir immer ein bißchen angst, wenn ich an unsere Abrechnungen denke. Manchmal kann ich nachts fast nicht mehr schlafen. Wenn nun alles nicht klappt? Das Geld wäre weg und das Haus vielleicht auch. Ach, nur das nicht! Was sage ich? Nur das nicht! So, hänge ich also doch an Geld und Gut! Schön, daß ich mir das überlege. Ich hatte gedacht, ich könne ganz gut auch ohne das alles leben und binnen kurzem auf alles verzichten. Und jetzt? Nur ein leiser Gedanke daran läßt mich erschrecken. So ist das also: Wunsch und Wirklichkeit.

Von der Bank aus gehe ich zu Frau Morgott. Mit Tränen in den Augen öffnet sie die Tür. Was ist da los, denke ich. Sie führt mich ins Zimmer. Auf dem Tisch liegen Rechnungen ausgebreitet und darauf Geldscheine, Zehnmarkscheine, Zwanzigmarkscheine. Frau Morgott setzt sich kummervoll hinter den Tisch. Ohne Einleitung beginnt sie mit tränenerstickter Stimme: »Da sitze ich mit meinem Kummer und rechne und rechne. Aber das Geld reicht nicht. Ich habe sechs Kinder, die alle in der Ausbildung stehen. Mein Mann hat mich schon lange verlassen, um mit einer Jüngeren zu leben. So bin ich mit all meinen Sorgen allein.«
Vor mir sehe ich eine Rechnung über DM 49,70 liegen. Kein Geldschein darauf. Da entnehme ich meinen Geldbeutel fünfzig Mark. Ich lege sie auf die Rechnung. Ein Freudenschein geht über Frau Morgotts Gesicht. Tränen glänzen noch in ihren Augen; sie kann nicht sprechen. Die Rechnung ist, wie ich sehe, für ein neues Haustürschloß und die passenden Schlüssel. Die beiden Betrüger haben auch ihren Hausschlüssel mitgenommen, so daß sie ein neues Schloß einsetzen lassen mußte. Es ist kein Zufall, daß ich dazukomme und gerade diese Rechnung noch nicht bezahlt werden konnte.
Nach einer Weile fängt Frau Morgott an zu erzählen. Sie hat Schweres erlebt und kämpft täglich um das Auskommen. Nebenher ist sie in der Sozialarbeit tätig, um noch etwas dazu zu verdienen, da ihr geschiedener Mann oft seinen Verpflichtungen nicht nachkommt.
Ich verspreche ihr, wiederzukommen und ihr, falls die Gauner nicht gefaßt werden, nochmals Geld zu bringen.

HILDE   4. Mai 72

Mark und ich freuen uns und sind glücklich darüber, daß wir im Alltag gemeinsam arbeiten können. Doch möchte ich auch etwas Zeit übrigbehalten, um dort mitzutragen, wo mir die Not anderer zu Ohren kommt.
Hilde ist meine Freundin. Diese Freundschaft geht bis in unsere Schulzeit zurück. Wir haben immer nebeneinander gesessen. Vor allem haben wir uns gut ergänzt.
In der Nachkriegszeit durfte ich oft mit ihr heim zum Mittagessen. Wir wohnten damals in einem Dorf, vier Kilometer von der Stadt entfernt. So konnte ich, wenn wir nachmittags Schule hatten, nicht heimfahren. Hildes Eltern nahmen mich freundlich auf. Bei ihnen war alles schön geordnet, während bei uns daheim immer irgendein Mangel herrschte. Das Essen war herrlich, und ich fühlte mich wohl bei ihnen. Das freundliche Umsorgtwerden tat mir recht gut, da ich mich immer ein wenig nach zuhause sehnte, wenn ich den ganzen Tag fort war.
Ich war stets von Dank erfüllt gegen Hildes Eltern, denn wenn ich über Mittag hätte in der Schule bleiben müssen, hätte mein Essen aus einem mit Zucker bestreuten Brot bestanden. Meist war der Zucker auch noch in das Brot eingedrungen, und so sah das Ganze feucht-klebrig und nicht besonders appetitlich aus. Butter oder anderes Fett mochte ich nicht. Aber manchmal backte mir meine Mutter morgens auch einen Eierpfannkuchen. Den tat sie zwischen die Brote – es schmeckte auch gut. Dazu trank ich etwas Wasser aus dem Wasserhahn im Schulflur. Wir kannten nichts anderes. Bei vier Kindern konnte Mutter nicht jedem eine Thermosflasche Tee mitgeben – ganz abgesehen davon, daß sie damals überhaupt keine Thermosflasche hatte.
Und wie geht es Hilde heute, 1972? Und was ist mit unserer Freundschaft? Unsere Wege haben sich natürlich nach der

Schule getrennt. Erst ging ich ins Berufsleben und verdiente mit der Zeit recht gut. Das hatten wir sehr nötig, da mein Vater krank und meine Geschwister in der Ausbildung waren. Dann heiratete ich, etwas später sie.
Vor einiger Zeit schickte ich Hilde mein Buch »Geliebte Mirjam« zum Geburtstag. Daraufhin kam nach Weihnachten ein verzweifelter Brief. Sie schrieb, daß sie beim Lesen von Anfang bis zum Schluß geweint habe, weil ihr die Quelle, aus der ich schöpfe, verschlossen sei. Ihr Mann habe sie vor eineinhalb Jahren verlassen, nun sitze sie mit den beiden Kindern da.
So war das mit Hilde. Ich hatte es geahnt. Ja, die Männer in den mittleren Jahren! Da haben sie eine geordnete Jugend hinter sich, dann heiraten sie und führen mit ihrer treuen, häuslichen Frau und den Kindern ein anfangs harmonisches Leben. Eines Tages kommt ihnen dann irgendwie zum Bewußtsein, daß sie angeblich viel versäumt haben: All das Unbekannte, Ungeahnte, das ihnen aus Zeitschriften, prickelnd und interessant, entgegenlacht. Jetzt wollen sie es nachholen. Sie angeln sich ein junges Gör, ziehen von heute auf morgen aus der ehelichen Wohnung aus, lösen sich scheinbar ohne große Trauer vom Heim, von ihren Kindern, von ihrer Lebensgefährtin, die all die Mühe des Kinderkriegens, Sparens, der Haushaltsführung und der Erziehung auf sich genommen hat. Natürlich – mit einer jungen Frau, die im Beruf steht, die noch keine Sorgenfalten kennt, lebt es sich angenehmer. Und das Heimweh nach den Kindern, das vergeht. Wenn man sie einmal liebevoll an sich drücken möchte, dann kann man das ja am Besuchstermin tun.
Ich muß zu Hilde. Sie ist einsam, sehr einsam. Die Kinder gehorchen ihr vielleicht auch nicht immer so recht. Das kann ich gut verstehen, denn wenn bei uns der Vater nicht da wäre und auf den Tisch hauen würde, dann wäre es schlecht bestellt. Ich könnte mich auch nicht immer durch-

setzen. So ahne ich, was Hilde durchmacht. Außerdem ist sie maßlos enttäuscht und verbittert über das Verhalten ihres Mannes. Sie war auch sehr krank und mußte für ein paar Wochen zur Kur. Damals, als sie mir das mit der Kur erzählte, befürchtete ich gleich etwas Ungutes.
Ich merke aber doch, daß Hilde sich trösten läßt, daß sie in unserem Gespräch wieder Mut faßt. Ich schlage ihr vor, sie solle mit den Kindern beten, ihre Sorgen vor Gott bringen und versuchen, ihre Erziehungsprobleme mit der Hilfe Gottes zu meistern. Was wir von ihm erbitten, das geht als Samen auf die Kinder über und kann Frucht bringen. Ich verfahre so auch bei meinen Kindern. Sie sind viel verträglicher und folgsamer, wenn ich sie Gott anempfohlen, ihre Unarten und ihre Fehler mit ihm besprochen und um seinen Segen für sie gebeten habe. Er läßt sich gewiß bitten, immer wieder, jeden Tag neu. Und morgen sind es wieder neue Sorgen, die auch wieder neu abgeladen werden dürfen und für die er neuen Trost und neue Hilfe bereit hält. Über unserem Gespräch ist es sehr spät geworden. Ich spüre, wie sich Hildes Resignation lockert, daß sie neuen Mut bekommt. Eines Tages wird sie – so hoffe ich und bitte darum – Gott und Jesus als ihre Helfer erkennen, die ihr treu zur Seite stehen wollen: – unveränderlich und immer wieder aufs neue stark und anziehend. Sie erkennt, daß Gott und Jesus treu zu ihr stehen, auch dort, wo sie von ihrem Mann Undankbarkeit und Untreue erfahren hat. Über Menschen fällt Schwäche, Not und Einsamkeit, aber Gott bleibt stark und anziehend.

ALLTAGSSORGEN *26. Mai 72*

Geldsorgen drücken und ängstigen. Durch dieses Tal, das sehr tief sein kann, muß jeder hindurch, der ein Geschäft beginnt. Ich wußte das, und doch – wer will sich eigentlich

so weit nach unten führen lassen? Aber um Glaubenserfahrungen zu machen, sind auch diese Wege hilfreich.
Diesmal wußte ich wirklich nicht, wo ich das Geld für die hohen Lohnvorschüsse hernehmen sollte. Es sollten achttausend Mark sein. Von den Außenständen war noch nicht genug eingegangen.
Ich telefonierte am Mittwochmorgen reihum, um weitere Zahlungen zu veranlassen, aber es wollte nicht recht klappen. An was hing es denn? Da hörte ich die vorwurfsvolle innere Stimme: Was suchst du ohne mich? Ich hatte mich wieder einmal viel zu weit von Gott entfernt. Ich wollte wieder einmal alles selbst machen. Die Not war offenbar noch nicht so groß, daß ich mich voll Vertrauen in seine Arme werfen wollte. Aber sie wurde es. Der Tag war lang, und meine Gedanken drehten sich im immer gleichen Kreis: Herr, richte Du es. Ich warte auf Dich und Deine Hilfe! Ach, wie köstlich ist es, aus der Tiefe der Tiefen glauben zu können: Es konnte gar nicht anders sein, er würde helfen. Aber ich mußte harren, Stunde um Stunde.
Nun war es Donnerstag; wie jeden Morgen fuhr ich zur Post und leerte das Postfach. Im Auto sah ich schnell die Briefe durch. Drei Umschläge konnten Geld enthalten. Ich riß sie auf; es stimmte, in jedem ein Scheck, insgesamt 110000 Mark. Ich weinte fast vor Freude. Je tiefer die Traurigkeit, desto größer die Erleichterung. Das durfte ich hier so richtig erfahren, und unaussprechlicher Dank für diese Hilfe stieg zum Himmel. So war ich errettet aus dieser Not, die mich beinahe meine Nerven gekostet hätte. Gott ist der Herr auch über alles Geld; er kann damit tun, was er will.
Und es ist merkwürdig: Immer wenn ich Gottes Hilfe unmittelbar spüre und erfahren darf, erkenne ich hinterher in aller Deutlichkeit, was Jesus von mir fordert: Treue und ein ungeteiltes Herz. Diese Forderung bedeutet viel und bedeutet wenig. Viel bedeutet sie, weil der Mensch immer wieder schwankt, nicht ganz bei der Stange bleibt; wenig

bedeutet sie, wenn die Treue Jesus gegenüber in Fleisch und Blut übergegangen ist, wenn sie Teil unseres Wesens geworden ist, wenn wir nichts anderes wollen und suchen, wenn unsere Gedanken sich fest und einfältig nur auf ihn richten. Täglich prüfe ich mich, ob mein Herz Gott ganz gehört. Nur wollen, was er will, ihm Freude machen, seine Gebote halten, das ist wichtig.

So führe ich zum Beispiel einen Kampf gegen gelegentliche Sonntagsarbeit. Wir haben einen neuen leitenden Mitarbeiter, der jahrelang offenbar nichts anderes gekannt hat, als sonntags das zu erledigen, was er die ganze Woche vor sich hergeschoben hat. Eine beliebte Sonntagsbeschäftigung waren für ihn Baustellenbesichtigungen.

Zunächst dachte er nicht anders, als daß er diese Gewohnheit auch in unserem Betrieb beibehalten könnte. Ich merkte die Gefahr bald, aber auch, daß wir ihm diese Gepflogenheit nicht von heute auf morgen verbieten konnten. So sehr es mir widerstand – wir mußten Geduld haben und versuchen, ihn langsam zur rechten Ordnung zu führen. Wir ließen ab und zu noch Kleinigkeiten durchgehen, fragten ihn aber manchmal freundlich: »Wie wäre es, wenn Sie das samstagabends machen würden?« Ich wußte aus Erfahrung genau, daß es nur eine Frage der richtigen Einteilung war und des guten Willens. Er meinte aber immer, es gehe jetzt am Anfang nicht anders, besonders weil mein Mann noch nicht voll in unserer Firma tätig sei. O nein! Wenn Mark ganz in seiner eigenen Firma sein wird, dann hat sich das sonntägliche Arbeiten so gut eingespielt, daß er es nicht mehr lassen kann! Deshalb weiterkämpfen. Es ging ganz gut anders; das Böse wollte ihn nur nicht hergeben und möglichst uns auch noch mit hineinziehen. Allmählich fing ich an, Fraktur zu reden; ich erklärte, daß ich nicht mehr mitmachen und mich aus dem Geschäft zurückziehen würde, wenn die Sonntagsarbeit nicht aufhörte. Schließlich seien wir verantwortlich für das Geschäft und auch für un-

sere Mitarbeiter. Diese Verantwortung könnten wir dann nicht mehr tragen. Da auf einmal ging es. Der neue Mitarbeiter konnte auf Sonntagsarbeit verzichten.
Gott will, daß wir treu sind. Es gilt nur, den Kampf ernst zu nehmen, und – wenn es Zeit ist – furchtlos zu kämpfen in der Gewißheit, daß Gott die Schlacht gewinnt.

Ende Mai 72

Die Sorgen nehmen keine Ende! Sie sind zwar ein Schutz – vor Überheblichkeit und vor Stolz –, aber sie nehmen auch viel Kraft weg. Das eine Mal haben wir zu wenig Leute, das andere Mal kein Geld und dann auch einmal keine Aufträge. Alle drei Probleme sind sehr ernst; es geht um Sein oder Nichtsein. Keine Leute und kein Geld – das habe ich bis jetzt erlebt. Aber keine Aufträge zu haben, das scheint mir doch das größte Problem zu sein. Wir haben volle Auftragsbücher, aber bei einigen Bauvorhaben wurde der Rohbau nicht termingerecht fertig, so daß wir mit dem Dach nicht beginnen konnten. So gibt es zwischen der Beendigung unserer jetzigen Baustellen bis zum Beginn der nächsten ein gewaltiges Loch. Wie wollen wir da unsere Leute beschäftigen? Gott kann es doch nicht zulassen, daß wir das Geschäft aufgeben müssen.
Wieder und wieder habe ich mich in diesen Tagen ernstlich geprüft, ob nicht ein zu großes Stück Eigenliebe mich getrieben hat, die Selbständigkeit zu suchen. Möglicherweise spielt so etwas ganz heimlich mit. Auf der anderen Seite war mir aber von vornherein klar, daß ich nicht viel Angenehmes zu erwarten hatte. Auch von Bequemlichkeit war ich weit entfernt. Ehre und höheres Ansehen kamen nicht in Frage; darauf habe ich noch nie etwas gegeben. Ein Hindernis ist aber da, nur finde ich einfach nicht heraus, welches. So will ich auf ein gnädiges Zeichen Gottes hoffen und darauf achten. Sicher wird er helfen, daß unser Weg

weitergeht. Nur: der Weg muß jetzt gefunden werden. Dazu ist Demut nötig und Weisheit.
Es kommt uns der Gedanke, sämtliche Angebote um einiges billiger zu kalkulieren. Normalerweise ist das bei Hochkonjunktur Dummheit. Aber warum sollen wir nicht mit dem Segen Gottes rechnen? Wir können einen ordentlichen Gewinn einkalkulieren und können nachher wegen des schlechten Wetters vierzehn Tage nicht mit dem Dach anfangen! Was haben wir dann davon? Wir können aber auch einen niedrigen Gewinn ansetzen – und haben dann vielleicht so schönes Wetter, daß das Dach in der halben Zeit fertig ist.
So fangen wir an, diesem Geheimnis auf die Spur zu kommen, wieder zu glauben und zu vertrauen. Unser Gewinn ist der Segen Gottes! Also weisen wir die Kalkulation an, die Verdienstspanne niedriger zu halten. Natürlich stoße ich zuerst auf Widerstand; doch Mark ist mit mir einig. Er sieht selbst die Unterlagen nochmals durch und reduziert die Preise, wo sie zu hoch angesetzt sind.
Heute hat es sich gezeigt, daß der Weg, den wir damit eingeschlagen haben, richtig war. Die Aufträge kommen, sogar telefonisch. Wo gibt es denn das bei Branchenneulingen und bei so großen Objekten? Gestern hat mich eine Firma aus Stuttgart angerufen und mir mitgeteilt, sie habe unser Angebot bekommen, wir lägen in den Preisen günstig und sollten den Auftrag gemäß einem Beschluß der Geschäftsleitung erhalten. Ich kann es zuerst gar nicht glauben, aber es stimmt. Im allgemeinen ist es nämlich notwendig, nach Abgabe der Offerte einen Besuchstermin für eine Besprechung mit dem Architekten zu vereinbaren. Dabei wird man zunächst auf Herz und Nieren geprüft, insbesondere was Leistungsfähigkeit und finanzielle Mittel anbetrifft. Man muß manchmal schon viel Zeit und Mühe aufwenden, bis man einen solch großen Auftrag an Land zieht. Und hier? Der Auftrag ist fast von allein ins Haus geflogen. So ist

das, wenn Gott die Sache in die Hand nimmt. Da wird mit ganz anderen Maßstäben gerechnet. Und ich freue mich sehr darüber, daß Gott uns, auch mit Aufträgen, segnet und segnen wird. Ich bin unsagbar glücklich und vor allem darüber, daß ich in solchen Erfahrungen die Zuwendung und die Hand Gottes deutlich verspüre.
Auf der anderen Seite bin ich mir über den Ernst des mir Anvertrauten völlig klar. Wir dürfen in der Firma nichts Unrechtes dulden. Wer nicht wachsam ist, sieht die feinen Fäden nicht, die der Feind spinnt. Immer wieder versucht er uns. Da heißt es: »Ach, seien Sie doch nicht so kleinlich, das macht heute jeder! Es merkt doch niemand...« – Natürlich merkt es niemand. Aber einer weiß es; ein feiner Stift schreibt es in mein Gewissensbuch. Jede noch so harmlose Abweichung wird haargenau registriert. Ich werde mir doch nicht Schuld und Sünde zuziehen, die ich in der Ewigkeit büßen muß. Nein, nichts in der Welt soll uns davon abhalten, verantwortungsbewußt im Angesicht Gottes zu handeln.

EIN UNTERFANGEN *2. Juni 72*

Heute soll ich zur Abgabe eines Angebotes und anschließender Submission in die Stuttgarter Innenstadt. Die Kinder sprechen aufgeregt von Attentaten und Bomben, die zwischen zwölf und vierzehn Uhr explodieren sollen. Dunkel erinnere ich mich auch, von Bombendrohungen gelesen zu haben. Aber ich habe es nicht so in das Bewußtsein aufgenommen und deshalb auch nicht ernstgenommen.
Um 12 Uhr mache ich das Mittagessen für Mark und die Buben. Ich muß mich beeilen, daß ich noch rechtzeitig auf den 13-Uhr-Zug komme, denn mit dem Wagen ist es ein Unding, in die Innenstadt zu fahren. Ich fühle einfach, daß ich trotz der Gefahr – wenn überhaupt eine da sein sollte – zu

dieser Angebotseröffnung muß. Zwar kann man auch hinterher noch die Ergebnisse telefonisch erfahren; aber es ist doch viel besser, persönlich dabei zu sein. Man lernt die Leute gleich kennen, die zur Konkurrenz zählen. Und außerdem: Ich bin einfach überzeugt davon, ich soll hingehen. Auf dem Bahnhof ist es auffallend leer. All die Einkaufslustigen, die sonst an einem sonnigen Tag die Eisenbahn bevölkern, fehlen. Der Zug ist überhaupt nur schwach besetzt.
In Stuttgart-Hauptbahnhof dröhnen mir gleich Lautsprecher entgegen: »Bitte halten Sie sich nicht länger als notwendig im Bahnhof auf. Verlassen Sie das Gebäude so bald als möglich.« Obwohl ich keine Furcht habe, scheint mir meine Reise jetzt doch bedenklich. Ich gehe zum Ausgang Richtung Königstraße. Der Brezelstand steht verlassen da. Nur ein Schild hängt dort: »Zum Schutze unseres Personals haben wir vorübergehend geschlossen.«
Ein paar Ausländer schlendern umher; ich kann mich nicht erinnern, Stuttgarts Hauptgeschäftsstraße je einmal so verlassen gesehen zu haben. Die Läden haben die Scherengitter herabgelassen. Dahinter lugen ängstliche Verkäufer hervor. Polizei in allen möglichen Fahrzeugen patrouilliert auf und ab. Dann habe ich das Haus der Wohnbaugesellschaft erreicht. Die Tür ist sonst immer offen, heute aber geschlossen. Auf mein Klingeln öffnet eine Dame zaghaft und vorsichtig. Ich sehe ihr an, daß sie denkt: Nur eine Frau, die kann man wohl hereinlassen. – Ich frage sie, ob die Eröffnung der Angebote nicht stattfinde. Doch, aber es komme wohl niemand dazu. Die Herren, die beruflich dazu verpflichtet sind, haben sich schon versammelt, und es beginnt. Da von den Bietern niemand da ist außer mir, wird mein Angebot zuerst eröffnet. Dann wird ein Umschlag nach dem anderen geöffnet, die Unterlagen entnommen, Firmenname und Angebotssumme verlesen und aufnotiert. Bei jeder neuen Preisansage warte ich gespannt, ob

der andere wohl teurer ist als wir. Ich sitze da, meinen Notizblock auf den Knien. Nun sind es schon zehn Bieter, und alle mit höheren Angebotssummen. Die Submission ist beendet. Wir haben uns wieder günstig placiert. Nun kommt es noch auf die Auswertung und Nachrechnung an, die erst den genauen Vergleich ermöglicht. Manchmal verschieben sich die Plätze bei dieser Überprüfung noch gewaltig.
Ich bin schon am Gehen, da kommt mir in den Sinn, daß ich wegen eines andern Angebotes, das wir vor kurzem bei dieser Gesellschaft abgegeben haben, mit dem maßgebenden Herrn noch kurz sprechen könnte. Schon seit einiger Zeit haben Mark und ich uns überlegt, wie wir hier ins Geschäft kommen könnten, haben manche Möglichkeit erwogen, aber bis heute keinen gangbaren Weg gefunden. In diesem Augenblick fällt mir das wieder ein.
Da frage ich einfach nach dem Herrn, der dieses Bauvorhaben bearbeitet. Er ist nicht da. O, denke ich, vielleicht ganz gut. Er hat mir nämlich bei telefonischen Anfragen nie einen Besuchstermin gegeben. Dann will ich seinen Stellvertreter sprechen. Der empfängt mich gleich ganz freundlich und sagt, in zwei Stunden würde er diese Sache abschließen. Es sei gut, daß ich jetzt komme, in allerletzter Minute.
»Also bitte, Sie können den Preis noch etwas ermäßigen, wenn Sie wollen«, meint er. Auf seinem Schreibtisch steht das Telefon. Ich rufe Mark kurz an und frage, ob ich noch drei Prozent mit dem Preis heruntergehen kann. Er ist damit einverstanden und freut sich sehr, daß ich daran gedacht habe.
Unser Abgebot wird in die Akten aufgenommen; ich bleibe dabei, bis es genau eingetragen ist. Jetzt bin ich ruhig; ich habe jedenfalls getan, was ich konnte.
Und auf einmal weiß ich auch, warum ich an diesem Tag hierher mußte. Die Hauptsache wurde zur Nebensache. Die Öffnung der Angebote war nur Mittel zum Zweck gewesen; ich sollte an diesem Tag und zu dieser Stunde die

von Gott gegebene Gelegenheit wahrnehmen, über die Mark und ich wochenlang nachgedacht hatten. Wenn Gott handelt, geht alles merkwürdig leicht.
Inzwischen ist es 14.30 Uhr geworden. Die Läden haben wieder geöffnet. Es ist nichts passiert. Langsam beleben sich die Straßen wieder. Ich kaufe mir noch schnell ein Kleid und gehe dann zurück zum Hauptbahnhof.
Im Zug habe ich Gelegenheit, meinen Tag zu überdenken. Das Eingreifen Gottes läßt mich nicht los. Ich überlege mir, was ich noch tun könnte, um den Auftrag für uns zu erhalten. Ich werde heute noch an den Stadtrat und an den Bürgermeister von M. schreiben und sie über die Preisermäßigung informieren. Das ist ein weiterer Schritt, um das große Objekt mit einer Auftragssumme von beinahe einer halben Million zu bekommen. Irgendwie bemächtigt sich meiner eine innere Freude, das Bewußtsein, unter dem Schutze eines Starken zu stehen, der einen an der Hand nimmt und führt, wie er will, wenn man sich führen läßt.

9. Juni 72

Wie immer öffne ich auch heute meine Post, einen Brief nach dem anderen, ohne besondere Erwartung. Da ist aber einer von der Wohnungsbaugesellschaft. Der große Auftrag ist da! In einfachen Worten steht: »Es wurde beschlossen, Ihnen den Auftrag für die Flachdacharbeiten zu übertragen...« So geht es denen, die sich auf Gott verlassen. Ich hatte eigentlich nur das Übliche getan. Oder mehr? Da war doch diese merkwürdige Gewißheit, ich müsse selbst nach Stuttgart fahren. Dieser inneren Stimme war ich gefolgt, hatte mit dem Sachbearbeiter geredet und nachher – mit Mark zusammen – noch die Briefe geschrieben. In solcher Alltäglichkeit wirkt Gott! Und jetzt war der Auftrag da. Wie war er aber auch erbeten worden! Wer sich ehrlich bemüht und auf Gottes Winke achtet, den segnet er.

Als Mark nach Hause kommt, erwähne ich den Auftrag absichtlich nur ganz nebenbei. »Mensch, das sagst du nur so hin«, meint er, »als ob es um hundert Mark ginge!« Aber da lachen wir beide und freuen uns über die Maßen.
Mark steht mir übrigens keinesfalls nach. Nein, er übertrifft mich; zwei Tage später bringt er einen Auftrag über eine noch höhere Summe mit nach Hause. Da bin ich am Staunen. Weit über Bitten und Verstehen werden wir gesegnet.

UND WIEDER IST ES SOMMER *17. August 72*

Dieses Jahr sehne ich die warme, regenarme Zeit besonders herbei. Die heißen Tage sind unser Glück; vor allem schaffen sie die Möglichkeit, unser Geschäft vollends auf feste Beine zu stellen. Denn wenn es regnet, kann man nicht auf den Dächern arbeiten, und die Löhne für unsere jetzt fünfunddreißig Monteure müssen dennoch gezahlt werden. Mark und ich sagen in letzter Zeit deshalb oft zueinander: »In unserem Geschäft ist wirklich an Gottes Segen alles gelegen.« Und ich bin auch glücklich darüber, daß wir auf Gottes Güte, seine Gnade und manchmal auch seine Ungnade angewiesen sind. Es erscheint mir ein Vorzug, so unmittelbar seine Hand spüren zu dürfen, auf Grund dieser Abhängigkeit Glaubenserfahrungen machen zu können. Davon will ich hier etwas erzählen.
Als ich heute morgen früh erwachte, hörte ich es regnen. Ich erschrak, denn wir sollten heute zwei Baustellen anfangen und bis Samstag regendicht fertig machen. Das war, wenn wir heute nicht arbeiten konnten, kaum zu schaffen. Mit einem Satz war ich aus dem Bett und ging ins Wohnzimmer, um dort den Rolladen hochzuziehen. Ich sah nach dem Himmel. Er war grau und wolkenverhangen – aussichtslos trüb. Mark, der inzwischen auch aufgestanden

war, ging wortlos ins Badezimmer. Wir wußten beide um die Belastung, darüber brauchten wir nicht zu reden. Ich war froh, daß Mark nichts sagte. Es gilt jetzt, Gottes Hilfe kämpfend zu gewinnen. Heute brauchten wir sie ganz dringend. Und er würde sie mir ganz sicher nicht versagen. Wie heißt es denn im 91. Psalm, der mir augenblicklich einfiel: »Er begehrt mein, so will ich ihm aushelfen; er kennt meinen Namen, darum will ich ihn schützen« – in allen äußeren und inneren Nöten. Es stimmte, ich begehrte den allmächtigen Gott dringend, und ich kannte ihn auch und er mich. Er würde uns helfen, und er würde uns schützen, vor Verlust nämlich. So heißt es im Psalm, und das glaube ich auch so. Wer konnte wider uns sein? Niemand, gar niemand, denn der Feind war vom Gebet ausgeschlossen.
Wir saßen am Frühstückstisch. Mark meinte, er wolle nachher einmal anrufen, ob es draußen auf den Baustellen regne. Ich sagte zu ihm, er solle das bloß lassen, sonst könne uns Gott nicht helfen. Ein Anruf würde alles verderben. »Ich glaube fest, daß das Wetter besser wird und wir heute arbeiten können, wenn auch etwas später. Die Leute sollen nur auf die Baustellen fahren.«
Mark war noch ziemlich skeptisch und kränkte mich eigentlich ein bißchen mit seinem Unglauben. Schon so oft habe ich mich gefragt, warum Männer fast nicht anders können, als ihrem nüchternen Verstand zu vertrauen und so manches zu zerstören, was innerhalb kurzer Zeit zur Frucht hätte ausreifen können. Natürlich hat im Geschäftsleben Nüchternheit ihre Vorteile, und dort würde ich manchmal, wenn Mark sich nicht durchsetzen würde, vieles falsch machen. So ergänzen wir uns meist recht gut. Wenn es nur nicht so schmerzhaft wäre und so viel Kraft forderte – dieses dauernde Kämpfen!
Bald hörte es auf zu regnen und wurde heller. Aber um acht Uhr kam noch einmal ein Regenguß, so daß im hintersten Winkel meines Herzens der Gedanke aufkommen wollte:

»Na ja, Mark wird vielleicht doch recht haben. Warum meinst du eigentlich, immer alles erzwingen zu müssen?«
Diese schlimmen Gedanken! Bloß nicht daran hängen bleiben, bloß am Glauben festhalten, daß der Regen aufhört und es trocken wird!
Zum Glück war es nicht so, daß ich mich ungestört meinen Gedanken hingeben konnte. Ich war unten im Büro, führte Telefongespräche. Es ging recht turbulent zu und gab allerhand Schwierigkeiten. Und das führte, wie schon so oft, zu dem schmerzlichen Zwiespalt in der Seele: Auf der einen Seite innere Festigkeit im Glauben und auf der anderen Seite kleinliche, äußere Widerwärtigkeiten, die, wenn einen Gott nicht in der Geduld erhalten würde, zu einer richtigen Verärgerung führen und mir den inneren Frieden rauben wollen, den ich gerade mühsam errungen habe.
Die Kinder, die gerade Schulferien haben, waren oben in der Wohnung unruhig und riefen laufend nach mir. Darüber wurde Mark nervös und ärgerlich, so daß ich meine ganze Kraft brauchte, meinen Unmut in Grenzen zu halten. Es gelang mir aber nicht ganz, und ich dachte später, ich hätte es wieder einmal nicht geschafft. Ja, Schwachheit überall!
Um neun Uhr hatte der Himmel schon blaue Löcher, wie wir als Kinder früher sagten. Und das ist ein ziemlich sicheres Zeichen dafür, daß es den Tag über freundlich bleibt. Gott sei Lob und Dank, wir konnten arbeiten lassen und die Baustellen anfangen. Was war das wert! Ich war glücklich, überglücklich, weil ich wußte, daß Gott mich sah, daß er uns gnädig ansah und uns half. Welch unaussprechliche Güte! Ich erfuhr das Große: Durch Bitten tritt das Naturgesetz zurück, und Gott greift in seiner göttlichen Weise ein.

20. *August 72*

Obwohl wir sehr gute ausländische Arbeitskräfte haben, bemühen wir uns doch auch stets um bewährte deutsche Mitarbeiter. Man bekommt sie in Dachdecker- und Flaschnerberufen schlecht, und es kostet uns große Mühe, gute Leute ausfindig zu machen. Wir haben schon viel Geld für Anzeigen ausgegeben, und der Erfolg blieb oftmals aus.
Natürlich geht mir dieses Problem immer wieder durch den Kopf. Was einem in der Not für Gedanken kommen: Könnte man nicht von der Konkurrenz einen guten Mann abwerben? Welche Sünde; wir würden damit das neunte Gebot übertreten. Und da meldet sich eines Tages unerwartet das Arbeitsamt. Es will uns einen Flaschner vermitteln, der gerade mit seiner Frau aus der Schweiz gekommen ist und in Deutschland eine geeignete Position in einem guten Unternehmen sucht. So, das ist sie wieder, die Hand Gottes, die alles lenkt! Am nächsten Abend ist der Mann eingestellt.
Ein ungelöstes und schwer lösbares Problem bleibt aber die Beschaffung der Wohnung. Das ist nun wieder meine Aufgabe. Wie ich sie lösen werde, weiß ich noch nicht und brauche es auch gar nicht zu wissen. Ich verlasse mich in allen meinen Aufgaben, bei allen meinen Wegen auf meinen allgegenwärtigen und allmächtigen Helfer. So sehe ich auch jede Situation und jedes Vorkommnis als von Gott gewollt an und finde darin die Aufgabe, in seinem Namen und in seinem Geist zu handeln und mit der Lage fertig zu werden.
Zuerst rufe ich das Wohnungsbüro an und denke: »Die Wohnung, die für dich bereit ist, wirst du bekommen.« Ja, eine Zweizimmerwohnung war frei, und das suchte ich ja gerade. In zwei Tagen sei eine Wohnungsbesichtigung, für die der Besitzer alle Interessenten bestellt habe. Ich könne auch kommen. Ich fahre hin. Es ist ein Hochhaus, beinahe

bezugsfertig, alles sauber hergerichtet. Einige Damen und Herren sind schon anwesend und sehen sich um. Ich nehme mir vor, nicht viel herumzuschauen und auch nicht viel zu sprechen. Kurz werfe ich einen Blick in die Zimmer und spreche ein paar verbindliche Worte mit den Eigentümern, die sich natürlich sehr wichtig vorkommen bei der großen Nachfrage und den hohen Mietpreisen. Dann gehe ich wieder. Ich brauche mich nicht noch mehr zu bemühen. Niemand hat es in der Hand außer dem Einen.
Am nächsten Morgen ruft der Vermieter an. Ohne lange Umschweife sagt er: »Meine Frau und ich würden Ihnen die Wohnung geben für Ihren Angestellten, wenn es ordentliche Leute sind. Die anderen Interessenten kommen alle nicht in Frage.« Ich muß zwar noch den Mietvertrag mit den Vermietern abschließen, was weitere Zeit erfordert, weil ich dazu nach Stuttgart fahren muß; aber kann es denn schneller gehen?
Wenig später meldet sich ein anderer Mann, ein Dachdecker aus dem Rheinland. Die Einstellung ist schnell erledigt. Aber auch er braucht eine Wohnung, die ihm Mark gleich zusagt. Ich werde ein bißchen ärgerlich auf Mark. Woher wollen wir denn schon wieder eine Wohnung nehmen? Er denkt wohl, weil es das letztemal so gut gegangen ist, wäre das eine Kleinigkeit. Oder ist es das vielleicht? Warum will ich es denn wieder nicht glauben? Weil ich zu faul dazu bin, weil es mir gegen den Strich geht, weil Mark es sich so leicht macht...?
Da fange ich also wieder von vorne an. »Nette Dreizimmerwohnung mit Küche und Bad, möglichst Neubau, Zentralheizung...« So soll die Wohnung sein. Diesmal aber kann mir der Makler nicht helfen; es ist nichts Geeignetes da. Jeden Tag belästige ich nun das Wohnungsbüro – aber immer mit demselben entmutigenden Ergebnis: »Nichts Neues, nicht Besseres hereingekommen.« Da sehe ich mir das vorliegende Angebot noch genauer an. Eine Zweizim-

mer-Einliegerwohnung, die könnte für eine Familie mit einem kleinen Kind auch reichen. Gleich telefoniere ich mit dem Besitzer. Es ist ein netter Mann, das merke ich schon am Telefon. Wir dürfen uns die Wohnung ansehen. Aber einen Haken gibt es: die Wohnung wird nur an einen Mieter abgegeben, dessen Frau zweimal in der Woche dem Vermieter beim Putzen hilft.
Rasch schicke ich der Frau des Dachdeckers ein Telegramm, ob sie diese Arbeit übernehmen kann. Sie ist bereit – und so ist auch dies ausgestanden. Ich zittere fast vor dem unerwartet großen Gelingen. Ehrfurcht erfaßt mich vor der Größe und Güte Gottes, der seine Spuren in meinen kleinen Alltag schreibt.

SUSANNE 25. *August 72*

Susanne ist ein langbeiniges liebreizendes Mädchen von zwölf Jahren. Als ich sie kennenlerne, bewegt es mich tief, welche Reinheit und Naivität dieses Kind besitzt. Susanne ist meine Hilfe im Sommer. Da wir in diesem Jahr nicht in Urlaub gehen können, habe ich mir überlegt, was ich trotz des Geschäftsbetriebs mit den Kindern machen kann. Aber der Plan für die Ferienzeit der Kinder war offenbar im Himmel schon bereitgelegt.
Einer unserer Bekannten meinte, als ich ihm von meinem Kummer erzählte, ob Susanne nicht ein guter Spielkamerad für Mirjam sei und sie mit sinnvollen Beschäftigungen unterhalten könne. Das wäre schon eine Hilfe, natürlich!
Als Susanne dann kommt, merke ich bald, daß Gottes Güte uns dieses liebe Kind ins Haus geführt hat. Wohl haben wir am Anfang Schwierigkeiten mit Mirjam, bis sie die neue Freundin angenommen und endlich auch ins Herz geschlossen hat. Da braucht es ein gerüttelt Maß Geduld von mir und Susanne, bis dann der richtige Weg gefunden ist.

Aber dann verstehen sich die beiden fast ohne jede Reiberei. Dabei hatte ich mich so vor den vier Wochen gefürchtet, die Mirjam Urlaub vom Kindergarten hatte! Und heute, am 25. August, sind sie schon herum.
Noch etwas fällt mir bei Susanne auf. Sie legt eine Bereitwilligkeit an den Tag, die mich verblüfft. In den ganzen vier Wochen hat sie mir nicht eine einzige Bitte abgeschlagen, nie ein unfreundliches Gesicht gemacht, wenn sie dies oder das machen sollte. Sicher ist, daß auch ihr manchmal etwas nicht gefallen hat. Aber nie hat sie auch nur den leisesten Anflug von Unwillen gezeigt. So habe ich sie gebeten, besonders in letzter Zeit, mittags das Geschirr abzuwaschen, damit ich wieder ins Büro kann, wo jetzt – da alle Urlaub haben – so viel zu tun ist. An sich hätte dies nicht zu ihren Aufgaben gehört, aber sie tut es, sogar freiwillig und auch an solchen Tagen, an denen die ganze Spüle voll Geschirr steht. Da brauche ich gar nichts zu sagen oder sie zu bitten. Sie fragt, ob sie spülen solle – wie selbstverständlich. So ein Kind! Entweder ist sie mit allen erdenklichen guten Eigenschaften ausgestattet, oder sie ist heute schon ein Kind Gottes. Oder sie ist beides – das gibt es auch. Auf jeden Fall bin ich herzlich dankbar für eine solch gütige Fügung. Besser hätte ich es mir nicht wünschen können!
Was unternehmen aber die Buben in dieser Zeit? Sie haben sechs Wochen Ferien! Die Baustellenüberwachung erfordert im Augenblick derartig viel Arbeit, daß auch Mark oft nach dem Fortgang der Arbeiten sehen muß. Was liegt näher, als daß die Buben sich diese interessanten Dinge nicht entgehen lassen und fast täglich mit auf die Baustelle fahren? Sie arbeiten sogar mit und erzählen abends voller Stolz, daß sie zusammen einen Arbeiter voll ersetzen. Mark bestätigt das, und so verlaufen die Tage höchst befriedigend für die beiden, denn sie haben gearbeitet, sind abends müde und freuen sich schon wieder auf den neuen Tag mit neuen Entdeckungen, mit neuen Aufgaben. Und das

schönste an allem: am Freitag bekommen auch sie ihren Lohnvorschuß für »Aushilfsarbeit« ausgehändigt. Für jeden sind zehn Mark in der Lohntüte. Die sparen sie zusammen und kaufen davon Schallplatten, sobald das Geld reicht. Sie hören gerne Platten, und für ihre harte Arbeit dürfen sie sich dieses Vergnügen gönnen. Es gibt ja wunderschöne Aufnahmen mit biblischen Geschichten.
So hatten alle Kinder, auch ohne Urlaubsreise, so schöne Ferien, wie ich sie mir nicht besser hätte wünschen und einrichten können. Es ist einfach herrlich, die Stärke Gottes über sich zu wissen und sich seiner Führung vertrauensvoll zu überlassen.

IMMER WIEDER DIE GROSSE AUFGABE: MIRJAM   *4. September 72*

Unser Arbeitstag ist jahraus, jahrein geprägt und bestimmt von dem, was unsere Familie von anderen unterscheidet, von Mirjam. Manchmal kommt uns das stärker zum Bewußtsein, manchmal schwächer. Aber immer richtet sich unser Tageslauf nach dem Mirjams. Unser ganzes Sorgen richtet sich immer wieder auf sie.
Am meisten Zuwendung braucht sie morgens, bis ich sie mit großer Geduld aus dem Bett geholt, dann angezogen und in den Kleinbus verladen habe. Und den ganzen Tag tut mir die Erinnerung an diese Prozedur im Herzen weh. Ich habe schon den Vorschlag gemacht, den Kindergarten nicht jeden Tag zur gleichen Zeit beginnen zu lassen. Aber andere berufstätige Mütter sind natürlich froh, wenn sie ihre Kinder regelmäßig zur gleichen Zeit loswerden. Ich aber halte Abwechslung für etwas Gutes; da könnte ich das Kind abends schon trösten:»Morgen darfst du länger schlafen; da kaufen wir vorher eine Brezel, die kannst du dann mitnehmen.« Das ist auch für die Kinder besser als jeden Tag der gleiche Trott. Ich habe auch beobachtet, daß Mirjam

– ob sie nun früh oder spät ins Bett geht – immer gleich ungern aufsteht. Und sie kann es an 365 Tagen im Jahr nicht begreifen, daß sie aufstehen muß. Die Qual wiederholt sich jeden Morgen. So hätte ich wenigstens an den Tagen, an denen der Kindergarten später beginnen würde, ein fröhliches Kind, und das möchte man so gern haben.
Es schmerzt mich, mein Kind jeden Tag plagen zu müssen. Außenstehende können das oft nicht verstehen und raten mir, ich müsse Mirjam durch hartes Durchgreifen an eine feste Ordnung gewöhnen. Natürlich – das klappt sogar ein paar Tage, aber es stellt eine seelische Grausamkeit dar, die ich selber nicht ertragen wollte. Ein Kind wird dadurch nicht fröhlich, sondern noch mehr gehemmt, noch schüchterner, noch bedrückter.
Um vier Uhr nachmittags verlasse ich das Büro und warte in der Wohnung auf Mirjam. Ich erwarte sie sehnsüchtig, möchte sie von Zwang und Angst befreien und sie wieder fröhlich machen. Glücklich springt sie in meine Arme, zieht hastig den Mantel aus und setzt sich an den Tisch, um ihre geliebte Brezel zu verzehren, die ich bereitgelegt habe. Zwischendurch frage ich, was sie alles erlebt hat, ob sie mittags geschlafen hat, wer von den anderen Kindern auch geschlafen hat, ob sie gemalt haben... Manchmal fährt sie dann vom Stuhl hoch und zieht aus ihrem Täschchen ein wunderschönes Bild mit leuchtenden Farben. Mit unnachahmlicher Mimik erklärt sie, was es darstellen soll.
Dann geht sie noch eine Weile auf die Straße und fährt Fahrrad oder Roller. Wenn schlechtes Wetter ist, hört sie mit den Buben Schallplatten. Ich kann inzwischen nochmals ins Büro und die Post fertig machen bis etwa sechs Uhr. Danach darf Mirjam noch zur Post mitfahren.
Dann gibt es Abendessen für die Kinder, und um acht Uhr müssen sie ins Bett. Vorher lese ich ihnen noch aus der illustrierten Kinderbibel ein Kapitel vor, und wir sprechen darüber. Mirjam gefallen die bunten Bilder, und sie will immer

ganz nahe bei mir sitzen, damit sie die Bilder gut und lange betrachten kann. Es ist ihr oft nicht recht, wenn die Seite umgeblättert wird. Sie würde gern noch lange bei einem Bild auf der Vorseite verweilen.
Nun gilt es wieder, eine Hürde zu nehmen. Mirjam, die bisher mit uns im Zimmer schläft, will unbedingt in das Zimmer der Buben und zu Micha ins Bett und nicht in ihr eigenes. Sie sichert sich darin gleich einen Platz ganz hinten an der Wand, damit ich sie nicht so gut herausholen kann. Das ist ohnehin recht schwierig, denn bei den Stockwerkbetten muß ich fast ins untere Bett hineinkriechen, und dann habe ich kaum die Kraft, auch noch ein schweres Säckchen hervorzuholen. Doch es muß sein. Und diese Konsequenz tut Mirjam gut.
Seit einiger Zeit müssen wir die ganze Nacht die Nachttischlampe brennen lassen, weil sich Mirjam nachts fürchtet und immer wieder angstvoll erzählt, sie sähe etwas Schwarzes. Am Anfang wollte es Mark und mir fast nicht gelingen, bei Licht zu schlafen; jetzt aber haben wir uns daran gewöhnt. Es geht wirklich sehr gut.

IM HERBST NOCH EIN HAUCH VOM SOMMER   *4. September 72*

Von unserem kürzlichen Sommerfest im Kindergarten möchte ich erzählen. Vielleicht vermittelt der kleine Artikel aus unserer Zeitung einen lebendigen Eindruck:

»Trarira, der Sommer, der ist da...« tönte es uns schon von weitem entgegen. Und als wir näher ans Haus am Hang kamen, waren wir gleich mitten in der bunten Herrlichkeit. Für unsere Kleinsten war ein reizendes Gartenfest inszeniert. Durch die Äste der Bäume und Sträucher lugten neugierig verschiedenfarbige Luftballons, begrüßten uns und nickten leise im warmen Sommerwind.

Den fröhlichen Kindern, die in ihren Sonntagskleidern erwartungsvoll am Tor standen und nach ihren Eltern Ausschau hielten, merkte man die Vorfreude an. Es war ja heute ihr Fest, an dem sie ihre Spiele vorführen durften. Immer wenn ein Gast ankam, umringte ihn die lustige Kinderschar; alle freuten sich über jeden Besuch. Nach solch liebevollem Empfang war es nicht schwer, sich in der niedlichen Tischrunde unter dem Blätterdach heimisch zu fühlen.
Unter den Klängen festlicher Musik tanzten wir eine Polonaise durch den Garten. Erst jetzt merkte man so richtig, wieviel Liebe und Mühe aufgewendet worden war, um jedes Eckchen und Bäumchen mit allerhand bunten Kleinigkeiten zu verzieren. Es machte Alten und Jungen größten Spaß, an der Hand der Kinder die gewundenen Pfade im Gänsemarsch zu durchwandern.
Nun kam die Hauptsache, das Vorführen der Singspiele. Wir bildeten zwei Kreise, die Eltern außen, die Kinder innen. Und als große Familie sangen und tanzten wir alle mit: »Brüderchen, komm tanz mit mir...« Wie treuherzig die Kinder dann auch das Spielen auf den Instrumenten mimten: »Wir sind zwei Musikanten...« Ja, sie konnten spielen: Flöte, Geige und vieles mehr. Man konnte nur ahnen, welche Geduld es gekostet haben mochte, bis die Kinder für dieses Festchen bereit waren.
Kinderaugen leuchteten, als es dann zum Eisstand ging, wo freundliche Helferinnen jedem gaben, soviel er mochte. Für uns Eltern waren Kaffee und Kuchen bereit, und beim fröhlichen Schmaus konnte so mancher Gedankenaustausch mit den Kindergärtnerinnen erfolgen.
Lange konnten unsere Kleinen natürlich nicht stillsitzen. Sie durften sich nach Herzenslust tummeln, schaukelten fast bis in den Himmel hinein, spielten im Sandkasten und tollten, wie es ihnen beliebte.
Eine letzte Überraschung noch, die den Schluß des Kinder-

festes anzeigte. Wir schlossen uns zu einem Kreis zusammen, Hand in Hand. Da wurden zwei Stangen herangetragen, an denen Päckchen und Mini-Schultüten baumelten. Ja, es gab bald ABC-Schützen.
Beglückt und mit ihren Geschenkchen beladen hüpften die Kinder dem Ausgang zu. Alle waren erfüllt vom Erlebnis dieses schönen Sommertages.

Anfang 1973

Seit längerer Zeit überlege ich angestrengt, wie ich Mirjam das Sprechen beibringen kann oder welchen Weg ich überhaupt einschlagen soll, um hier Fortschritte zu erzielen. Vor einem Jahr schon hatte ich mir fest vorgenommen, Mirjam zur Sprachtherapeutin zu bringen. Aber damals fingen wir ja das Geschäft an, so blieb kaum Zeit für solche zusätzliche Vorhaben, aber jetzt fing meine Unruhe an, langsam unerträglich zu werden. Mußte das Kind zurückbleiben um unserer Interessen willen? Ich stellte mich diesem Problem ehrlich und ernstlich. Ja, Mirjam blieb zurück. Waren es überhaupt nur »unsere Interessen«, Marks und meine? Der Ausdruck »Interessen« stimmt wohl auch nicht ganz; ich möchte eher sagen, das Geschäft ist eine Notwendigkeit für uns, ein Zusammenhalt. Solange ich dieser Überzeugung bin, müßte ich ja nicht unruhig sein. Aber ich bin es doch. Es wäre so schön, wenn ich mir nicht immer über alles Gedanken machen müßte. Doch erst nach vielerlei Bedenken kann ich einen neuen Anlauf nehmen, neue Kraft aufwenden. Sonst geht es überhaupt nicht. Meine Schwierigkeit besteht darin, daß es sich nicht hin und wieder um das eine oder andere Problem handelt – nein, jeden Tag soll ich den Überblick über alles behalten. Manchmal kostet mich das meine ganze Kraft. Aber die Kraftquelle wartet doch schon, daß ich sie erschließe!
Warum habe ich eigentlich nicht daran gedacht: Gott

könnte helfen, nein: Gott kann helfen! Wieder war ich gefangen in meiner Vorstellung, nur durch äußere Aktivität und Hilfe könne ich dieses Ziel erreichen. Und erst, wenn einem diese äußere Hilfe versagt bleibt, besinnt man sich darauf, daß es auch den anderen Weg gibt.

Eines Tages fällt mir auf, daß Mirjam immer das letzte Wort eines Verses nachzusprechen versucht. Bei »Hänschen klein geht allein« singt sie gut verständlich »klein« und »allein« mit. Mit besonderer Spannung erwartet sie jedesmal »Aber Mama weinet sehr«, und schon nach ein paar Tagen singen wir beide: »Aber Mama weinet sehr«. Über das Singen führt also Mirjams Weg zum Sprechen. So haben wir mit der Hilfe Gottes den Zugang gefunden. Ich bin umso dankbarer dafür, als ich später von einer anderen Mutter höre, daß ihrem Kind der Sprechunterricht kaum geholfen habe. Ihr Kind habe Mühe, Gesprochenes überhaupt zu hören und das Gehörte genau aufzunehmen.

Wo ich gehe und stehe, singe ich mit Mirjam – zwanzigmal am Tag das gleiche. Sie freut sich unentwegt, und immer wieder singt sie ein neues Wort hinzu. Für mich bedeutet dieses Singen manchmal eine Anstrengung, denn wer ist schon immer zum Singen aufgelegt? Aber ich singe dennoch, sonst habe ich das Gefühl, an Mirjam etwas zu versäumen.

Auf dieser Stufe des Lernens können wir aber nicht stehenbleiben. Was kann ich sonst tun? Da liegt eines Tages Martin auf dem Fußboden und studiert einen Versandhauskatalog. Mirjam legt sich dazu. Begeistert schaut sie auf die Seiten. Die wirklichkeitsnahen Bilder faszinieren sie. Besonders die Bilder über Wohnungseinrichtungen betrachtet sie lange und aufmerksam. Da findet sie alle Gegenstände wieder, die ihr vertraut sind: Sessel, Sofa, Lampe, Stühle, Schrank. Das hat sie noch nie so vereinfacht und doch plastisch vor Augen gehabt. Hier besteht also eine zweite Möglichkeit: Lernen durch Anschauung. Seit einiger Zeit wer-

den also unsere Kataloge fleißig studiert. Kein Wunder, daß man es ihnen ansieht.
Zur Bezeichnung von Dingen ist Mirjam aber durch die Schulfibel gekommen. Zuerst hat sie auf den ersten Seiten den Namen »Sonne« erfaßt, denn da ist eine schöne gelbe Sonne gemalt. Danach kommt »Wauwau«, der Hund; weiter der lustige Kasper, der so oft vorkommt. Immer wieder frage ich sie: »Wo ist der Kasper?« Dann sucht sie ihn im Buch, auch wenn er etwas versteckt ist. Außerdem machen ihr auch die abgebildeten Brötchen und Brezeln Spaß und auf der nächsten Seite die prächtigen Würste.
Jetzt kommt der Hans, wie er von zuhause fortgeht und zuletzt allein im Wald steht und weint. Das geht Mirjam sehr zu Herzen, und sie sagt: »Haschi weinet sehr.« Den Begriff »weinen« kennt sie also jetzt und sucht manchmal von selbst die Seiten, wenn ich sie danach frage. Auf einer der nächsten Seiten liegt Hans verletzt im Bett mit »Miau und Wauwau«. Sie erkennt auf den ersten Blick, was hier los ist und meint: »Haschi wehweh, Bett. Wauwau und Miau auch Bett.« Ja, genauso, wie sie es abends selbst erlebt.
So suchen wir immer mehr Geschichten zusammen und bringen sie in Zusammenhang mit ihrem Alltag.
Aber immer bin ich nicht freudig dabei, Mirjam sinnvoll zu beschäftigen. Samstags fällt es mir am schwersten. Da ist Mirjam den ganzen Tag zuhause, und ich selbst bin meist recht müde von der arbeitsreichen Woche und möchte den Haushalt vollends in Ordnung bringen. Mirjam quengelt und bettelt und bittet, ich solle mit ihr lernen oder singen. Soll ich nun unwirsch werden und das Kind mit schroffen Worten wegschicken? Am liebsten würde ich es machen. Aber eines Tages kommt mir ein rettender Gedanke: Ob sich Mirjam nicht mit Malen beschäftigen läßt?! Schnell hole ich Wasserfarben, Zeichenblock und Pinsel und zeige ihr, wie es geht. Begeistert macht sie sich sogleich ans Werk und bemalt hingebungsvoll Blatt um Blatt. Ich höre im Bad, wo

ich gerade putze, wie sie die Blätter am perforierten Rand abreißt und denke schmunzelnd, sie wird alle Blätter vermalen.

Bei diesem Malen stoße ich auf ein neues Problem: die Farben. Wie kann Mirjam sie unterscheiden lernen? Ich sage zu ihr: »Jetzt malen wir rot«, und zeige ihr die rote Farbe. Am nächsten Tag malen wir nur »blau«. Als wir nach mehreren Tagen wieder malen, sage ich zu ihr: »Wir malen rot«, und prompt taucht sie den Pinsel in die rote Farbe. Ist das eine Freude! Mirjam kann rot malen, sie hat die Farbe erkannt. Die nächste Zeit machen wir es nur mit rot und blau. Dann versuchen wir es mit gelb. Aber da ist es seltsamerweise etwas schwieriger. Wenn ich sage: »Wir malen gelb«, dann weiß es Mirjam nicht. Wenn ich aber sage: »Wir malen eine Sonne«, dann taucht sie voll Freude ihren Pinsel in das gelbe Töpfchen und malt eine gelbe Sonne.

Samstags können wir also jetzt beide tun, was wir wollen: ich kann putzen und Mirjam malen – jeder ist zufrieden.

Ja, Mirjam ist eine Aufgabe für uns alle. Immer wieder bringt sie uns dazu, uns anzustrengen. Wie gerne würden wir oft etwas tun, was uns gefällt, würden wir eine Stunde nur für uns zubringen. Es ist nicht möglich, für mich wenigstens nicht. Die Buben beschäftigen sich viel selbst und wollen wenig von mir, von gelegentlicher Hilfe bei den Schularbeiten abgesehen. Aber Mirjam ist immer da und möchte beschäftigt werden. Wenn ich zum Einkaufen fahre – meist am Spätnachmittag –, nehme ich sie mit. Natürlich könnte ich auch vormittags einkaufen, aber Mirjam braucht nach vier Uhr, wenn sie vom Kindergarten kommt, auch Abwechslung, und dazu bietet der Einkauf eine gute Gelegenheit. Ach, und manchmal eilt es so! Und wenn Mirjam dann viel Zeit zu allem braucht, zum Aussteigen, zum Mitkommen, dann verliere ich fast die Nerven. Wenn ich aber in ihr liebes Gesichtchen schaue, das begeistert leuchtet, wenn sie etwas tragen darf, ist all mein Ärger verschwunden.

Abends, wenn Mirjam schläft, sollte ich eine ruhige Stunde finden. Aber irgendwelche dringenden Hausarbeiten liegen meistens herum und müssen noch erledigt werden, damit der neue Tag neu angefangen werden kann ohne liegengebliebene Arbeit. Und nach einer kurzen Lese- und Gebetszeit falle ich todmüde ins Bett. Das ist gut, sonst würde mich manchmal die Angst vor dem kommenden Tag zu stark belasten. Ich denke beim Einschlafen noch: »Bloß nicht an morgen denken, sondern für den heutigen gesegneten Tag danken. Jesus geht mit, wenn wir für andere leben.«
Am nächsten Morgen erwache ich mit frischem Mut, um die Last dieses Tages auf mich zu nehmen und seine Aufgabe mit Gottes Hilfe zu meistern.

EIN CHRIST IST NICHT ISOLIERT *Mai/Juni 1973*

Verständnislos stehe ich manchmal Problemen gegenüber, die von außen an mich herangetragen werden. So auch vor einiger Zeit wegen eines Referates »Isolation bei Behinderten«. Zuerst dachte ich: »Da kann ich nicht viel darüber sagen.« Da ich mit Mirjam betroffen bin, liegt mir eine derart distanzierte Denkweise ziemlich fern. Dagegen war ich bereit, in Frauenkreisen über unser Leben mit Mirjam zu erzählen. Da konnten wir oft kein Ende finden vor lauter Fragen und Antworten, und ich fühlte mich so recht glücklich, von Gottes Hilfe und Beistand in den zurückliegenden schweren Jahren berichten zu dürfen.
Aber »Isolation bei Behinderten«? Ich mußte ernstlich nachdenken, mich hineindenken in diese Problematik, die von anderen wohl so erlebt wird. Ich bat Gott, wenn ich über dieses Thema sprechen solle, möge er mir doch etwas darüber mitteilen. Da fiel mir auch gleich alles ein.

Die wesentlichen Gedanken meines Referates möchte ich hier festhalten:
Ich habe – bis heute – noch nie darüber nachgedacht, ob ich oder unsere ganze Familie durch die Behinderung unseres Kindes isoliert, abgeschnitten von anderen, vergessen sei. Diese Frage stellt sich zunächst deshalb nicht, weil der tägliche Kontakt mit der Außenwelt, mit anderen Menschen ja auf jeden Fall von Anfang an aufrechterhalten werden muß. Das behinderte Kind wird hier schon zu einem kleinen Teil mit der Außenwelt verbunden.
Ein Bindeglied zwischen dem Behinderten und der Gesellschaft ist auch die Hilfsbereitschaft, die wir bei den meisten Menschen finden. Manchmal kann sie sich nicht gleich bei der ersten Begegnung entfalten und zwar wegen des meist etwas abstoßenden Äußeren bei geistig Behinderten oder auch wegen der sichtbaren körperlichen Fehler bei Körperbehinderten. Es ist menschlich, daß wir hier zuerst ein wenig stutzen und zurückhaltend sind. Bei geistig Behinderten treten dazu noch die Andersartigkeit, die fremden Bewegungen, das andere Verhalten.
Aber wenn beide, Behinderter und Helfender, Kinder Gottes sind, sollte diese Hilfsbereitschaft nicht auf rein menschlicher Vernunft beruhen, sondern getragen werden von der Liebe Jesu Christi, die in uns wohnt. Da bemüht man sich zur rechten Zeit um den anderen Menschen, und der Kontakt zwischen beiden stellt sich ein. Ob es nur eine einmalige Begegnung ist oder eine dauernde Beziehung: Immer ist es von entscheidender Bedeutung, ob Jesus Christus durch uns wirkt. Dann ist nämlich eine Verbindung möglich und kann sich segensreich auswirken, weil Gott dahintersteht. Wenn wir dagegen nur als Menschen handeln, werden wir leicht müde. Wir warten als Helfende irgendeine Gelegenheit ab, um uns zurückzuziehen. Und das ist dann schlimmer, als wenn wir gar nicht erst mit der Hilfe angefangen hätten.

Der Wunsch nach Isolation kann so entstehen: Wenn ein behindertes Kind geboren wird, hat man den Wunsch und das Verlangen, irgend wohin zu gehen, wo man allein mit dem Kind ist. Dieser Wunsch kommt daher, daß man unwillkürlich fühlt: Ein behindertes Wesen – ob Kind, Jugendlicher oder Erwachsener – kann von der Gesellschaft gar nicht angenommen werden. Eine völlige Eingliederung in die Gesellschaft ist – ich weiß das aus vielfacher Erfahrung – kaum möglich und wird immer nur teilweise geduldet, allenfalls von uns Christen. Und weil man diese große Kluft fühlt und später auch von außen erfährt, möchte man sich am liebsten vor allen Leuten verschließen aus Furcht, sie könnten einem Schmerzen bereiten, sie könnten einem das Herz und die Seele noch mehr verwunden, als das ohnehin der Fall ist, wenn man das Leid eines Behinderten trägt. Man möchte weit weg von den Gesunden, Hochmütigen, von den Unverständigen, Ablehnenden, von der bloß nach Leistung schielenden Gesellschaft unserer Zeit, in der die Behinderten wirklich nichts zu suchen haben.
Aber diese selbstgewollte Isolation ist nicht besonders schlimm und nicht besonders gefährlich, weil das tägliche Leben ja zum Umgang mit andern Menschen zwingt. Es ist deshalb keine eigentliche Isolation. Allerdings gibt es eine andere, selbstverschuldete, richtige Isolation. Sie kommt aus Hochmut, aus dem Trotz, aus leicht verletzbarem Stolz. Wir wollen uns trotz all dem, was wir mit unserem Kind, mit unserem Familienmitglied, an Schwerem übernommen haben, den uns von Gott verordneten Weg der Demütigung nicht gefallen lassen. Das ist ein wunder Punkt. Dieser Stolz fürchtet die Lieblosigkeit der Welt und möchte beachtet, ja sogar geachtet werden.
Solange wir diese Einstellung haben, bleibt die Kluft zwischen Gesunden und Kranken bestehen. Man fühlt sich selbst unglücklich dabei, merkt aber bald, daß man sich dieses Unglück selbst zuzuschreiben hat, weil wir unser un-

beugsames Herz nicht von Jesus Christus verändern lassen. Wir nennen uns Christen und lernen nichts von Jesus Christus! Das schafft die meisten Probleme und führt tatsächlich zur Isolation. Man hadert mit seinem Schicksal, bemitleidet sich, sondert sich von den anderen ab, weil die es ja viel leichter haben. Die Unzufriedenheit mit sich und anderen macht sich im Herzen breit; und damit ist man wahrhaftig isoliert.

Hoffentlich steigert sich dann diese Unzufriedenheit und das Unglücklichsein so weit, daß wir uns fragen, wer weiterhelfen kann. Und an diesem Punkt setzt auch schon die Hilfe ein, die Hilfe Gottes, der sich über diese Unglücklichen freut, weil er uns eine Hand reichen kann, daß wir an ihr den ersten Schritt aus unserem Herzensgefängnis machen können. Wir gehen den Weg mit ihm und merken, daß er es ist, der alle unsere Schwierigkeiten löst. Wir geben unseren Trotz, unseren Neid, unseren Stolz auf, denn er nimmt uns alles ab, wenn wir uns nur von ihm führen lassen. Dies ist aber – muß ich sagen – ein langer Lernprozeß, eigentlich ein lebenslanger Lernprozeß, den alle, die rechte Christen sein wollen, durchmachen müssen. Es ist der Kampf, der uns verordnet ist, der allen verordnet ist, ob sie nun ein behindertes Familienmitglied haben oder nicht.

Zusammenfassend möchte ich sagen: Bei Kindern Gottes ist eine Isolation nicht möglich; sie sind stets zur Liebe ihrem Nächsten gegenüber bereit, auf Angriffe reagieren sie sanftmütig, und mit Schwachen gehen sie barmherzig und gütig um, wie es ihnen ihr Vorbild gezeigt hat. Diese Schwachen, Behinderten brauchen oft nur einen einzigen Menschen, der diese Liebe Gottes in sich trägt, der ihnen hilft. Gott selbst sorgt dafür. Seien wir einer dieser Menschen, fühlen wir uns berufen und geben in unserem Leben und im Umgang mit Behinderten Gott und Jesus Christus die Ehre.

MIRJAM KOMMT IN DIE SCHULE · *November 73*

Noch zwei Monate, dann wird Mirjam in die Sonderschule eingeschult. Dieser Veränderung sehe ich mit gemischten Gefühlen entgegen. Das Herz will mir bei dem Gedanken schwer werden, daß sie das warme Nest der Kindertagesstätte verlassen soll, an das sie sich gewöhnt hat. Aber sie wurde geprüft und für schulreif befunden; außerdem warten schon wieder andere Kinder auf einen Platz im Kindergarten. So müssen die älteren Kinder Platz machen. Im letzten Jahr habe ich Mirjam zurückstellen lassen, aber ein zweitesmal geht das nicht mehr.

Ja, es wird wieder ein weiterer Schritt der Trennung sein. Vielleicht ist das gut so, und vielleicht reift auch mit diesem Schritt Mirjams Selbstbewußtsein, ihre Freude am Lernen, ihre Freude an der Selbständigkeit. Mirjam ist nun sieben Jahre alt; es ist Zeit, sie dem Ernst des Lebens zu überlassen. Während ich dies schreibe, muß ich auch schon lächeln über meine Sorgen. Da mühe ich mich ab im bloßen Drandenken, wie schwierig alles wird, wenn drei Kinder in der Schule sind, das Geschäft mit seinen großen Anforderungen wartet und sonst noch allerlei los ist. Mit Gott rechne ich wohl gar nicht? Wie hat er seine große Güte gezeigt, als Mirjam laufen lernte! Wie gut ist alles geworden. Und das Sprechen! Hat er uns nicht auch dort einen Weg gewiesen? Sollte er uns heute weniger nahe sein? Es liegt an mir, ob ich ihm vertraue. Er hat all unsere Probleme in der Hand. Sollte er uns nicht so lenken können, wie es sein Wille ist? Und in diesem sich Überlassen liegt schon ein innerer Friede, eine zuversichtliche Freudigkeit; in immerwährendem Aufschauen auf Jesus und im Glauben an ihn wächst die nötige Festigkeit und eine dauernde Freude der Seele.

Juni 74

Nun hat Mirjam schon die ersten Monate überstanden. Eigentlich war es fast nur ein Überwechseln vom Kindergarten in die Sonderschule, wo jetzt 120 Schüler unterrichtet werden, zwischen sieben und achtzehn Jahre alt. In Mirjams Verhalten hat sich zunächst nichts geändert, nur im Tagesablauf ergaben sich Schwierigkeiten.

Sie kann natürlich jetzt nicht mehr im Bus des Kindergartens fahren, sondern muß zum Taxi gebracht und wieder geholt werden. Da fällt die Zuneigung und das Vertrauen weg, das die Kinder bisher zur Busfahrerin hatten. Viel und oft hatte uns ihr mütterliches Verhalten getröstet; sie fühlte sich für jedes einzelne Kind verantwortlich.

Dreimal mußten die Kinder in letzter Zeit zu einem anderen Taxiunternehmen wechseln – immer wieder neue, fremde Gesichter. Da gab es recht unverständige Fahrer, denen alles Verständnis für Behinderte abging. Sie begriffen wirklich nicht, weshalb man sich mit derart ›unwerten‹ Menschenkindern so viel unnötige Mühe macht. Ob da einmal ein Kind aus dem Auto herausfiel – was tatsächlich passiert ist –, spielte keine Rolle; eins mehr oder weniger, wen mochte das kümmern? Oft brauchten sie eine Stunde und mehr für eine Strecke von drei Kilometern. Da erfuhren wir eines Tages, daß der Fahrer das Taxi mit den Kindern einfach irgendwo parkte und private Dinge erledigte.

Solchen Menschen wollten wir unsere Kinder nicht mehr anvertrauen. Wir stiegen auf die Barrikaden und teilten der Schulleitung mit, wir würden unsere Kinder nicht mehr zur Schule schicken, wenn nicht ein anderes Unternehmen beauftragt würde. Da kamen wir aber schön an und wurden lediglich an das Gesetz der Schulpflicht erinnert. Außerdem stritt der betroffene Fahrer bei der Schulleitung alles ab; die dummen Kinder, die kaum richtig sprechen konnten, bedeuteten als Zeugen keine Gefahr für ihn. Ich entschuldigte Mirjam also für einige Tage wegen Krankheit – sie war wirklich krank, denn ein paarmal waren die Kinder durchnäßt und mit kalten Füßen zuhause angekommen. Endlich erklärte sich ein Taxiunternehmen aus unserer Bekanntschaft zu den Schulfahrten bereit. Die Leute waren nett und freundlich, und wir lernten auch je länger je mehr ihre Nachsicht und ihre Fürsorge für die Kinder schätzen. Unbesorgt konnten wir die Kinder jetzt wieder mitgeben. Nachdem die ersten Wochen des Eingewöhnens vorbei waren, bat ich den Rektor, ab und zu einigen Unterrichtsstunden beiwohnen zu dürfen, was mir auch gewährt wurde. Da konnte ich Mirjams Tagesablauf miterleben. In den ersten beiden Schulstunden, etwa von halb neun bis zehn Uhr, beschäftigten sich Lehrerin und Kinder mit dem Bauen und Abtragen eines Turmes aus Bauklötzen. Die Kinder saßen im Kreis um die in der Mitte ausgeschütteten Bausteine herum. Jedes Kind, das die Aufgabe begriff, durfte einen Stein nehmen und oben auf den Turm setzen. Für die Kinder war es nicht leicht, ihre Aufmerksamkeit darauf zu konzentrieren, daß immer wieder ein anderer drankam. Manche machten gar nicht mit; sie erfaßten die Aufgabe nicht. Andere mußten immer wieder gerufen und zum Mitmachen aufgefordert werden, was sie dann etwas lustlos auch taten. Aber es gab auch zwei oder drei Kinder, die eifrig bei der Sache waren und freudig mitbauten. Sie hatten selbst Interesse an der Fertigstellung des Turms. Als er fertig war, durfte der Turm aber nicht einfach eingeworfen werden, sondern es galt, ihn Stein um Stein abzutragen. Das war noch schwieriger, denn hier gab es kein lohnendes Ziel mehr, wie es ein fertiger Turm ist. Auch hier erfaßten einige Kinder die Aufgabe und taten, was von ihnen verlangt wurde. Ganz zuletzt, als nur noch die ersten Steine des Turms standen, wurde es langweilig, und wir wollten uns nicht mehr quälen; es war lustig, das Bauwerk vollends einstürzen zu lassen.

Nun wurden Zuordnungsspiele geholt. Einige der Kinder, die vorher nicht so recht mitmachten, taten sich jetzt hervor. Auf quadratische Pappkartons waren kleine Quadrate gezeichnet. Jede Spalte dieser Quadrate hatte eine andere Farbe. Darauf sollten gleichgroße quadratische Holzplättchen gelegt werden, und zwar möglichst eine ganze Spalte in der vorgezeichneten Farbe. Manchen machte dieses Einordnen viel Spaß, und sie hatten in Kürze einwandfreie Arbeit geleistet. Andere mühten sich schrecklich ab und verwechselten alles. Zum Beispiel waren sie nicht imstande, ein Plättchen neben das andere zu legen – von der richtigen Farbe gar nicht zu reden. Da fingen sie an verschiedenen Stellen neu an, und es gab nie etwas Ganzes. Auch hier zeigte sich, daß die Begabungen der einzelnen Kinder ganz verschieden lagen. Das mußte die Lehrerin beobachten, denn danach mußte sie die Kinder unterschiedlich fördern. Nach dem Vesper ging's zur Turnstunde. Einige Kinder sprangen gleich fröhlich über den Schulhof und konnten das Turnen nicht erwarten. Andere begriffen nicht, worum es ging, und wir mußten sie geradezu mitschleppen. Ich half den Schwachen beim Umziehen.
Zuerst schritten die Kinder über eine Reihe von Holzkisten, von denen jede ein Stückchen höher war – auf der einen Seite hinauf, auf der anderen wieder hinab. Zunächst führte die Lehrerin sie an der Hand; später sollten sie es ohne Hilfe versuchen. Zwei Kinder verdrückten sich in eine Ecke; sie hatten Angst. Die Lehrerin wollte sie auch nicht zwingen.
Als nächstes sollten die Kinder durch die verschieden großen Hohlräume der Kisten kriechen. Das klappte ganz gut. Sogar die beiden Furchtsamen machten mit. Auf dem Fußboden bestand ja keine Gefahr, irgendwo herunterzufallen. Dann kam ein Spiel mit großen Holzreifen. Jedes Kind legte einen Reifen vor sich auf den Boden. Es sollte ihn bis Hüfthöhe hochheben und wieder fallen lassen. Es galt, solange

stillzustehen, bis der Reifen wieder ganz ruhig auf dem Boden lag. Diese Übung stellte große Ansprüche an die Geduld der Kinder, weil sie erst lernen mußten, ihre Unruhe zu bezähmen. Zwei Buben konnten hier nicht mitmachen. Einer warf sich schreiend auf den Boden, und man mußte ihn, um nicht die ganze Turnstunde zu gefährden, in Ruhe lassen. Der andere versuchte, die zweifach verknoteten Schnürsenkel an seinen Turnschuhen aufzubekommen und ließ sich davon nicht abbringen.

Um 11.30 Uhr gab es Mittagessen aus einer Großküche. Es schmeckte den meisten; einige aber rührten es kaum an oder spuckten es gleich wieder aus. Mit täglich neuer Geduld versuchte die Lehrerin, auch diese schwachen Kinder langsam zum Essen zu bewegen.
Der Dienst an einer solchen Schule ist nicht leicht und erfordert gute Nerven und viel Stehvermögen. Denn manchmal reicht es nicht aus, sich nur auf die Klasse zu konzentrieren. Oft kommt eine Störung von außen. Da stürmten zum Beispiel während der Turnstunde ein paar große Buben und Mädchen zur Tür herein, rannten durch den Saal und krochen wild unter den an der Wand stehenden Tischen herum. Die Lehrerin ließ sie zunächst gewähren, obwohl die Klasse überhaupt nicht mehr auf sie hörte. Sachte und mit viel guten Worten komplimentierte die Lehrerin die Störenfriede schließlich wieder hinaus; sie waren wohl aus einer anderen Klasse ausgebrochen.
Große Traurigkeit erfaßt mich immer, wenn ich morgens am Tor der Sonderschule stehe und die Behinderten aus den Omnibussen steigen sehe. Die Behinderung, das andersartige Verhalten, ist an ihren Bewegungen, oft an der Gestalt oder im Gesichtsausdruck ablesbar. Gleichzeitig überkommt mich aber auch eine große Liebe zu diesen Schwachen und lebenslang Benachteiligten, und es ist ein großer Trost, daß sie wenigstens hier in der Schule verstan-

den werden. Manchmal tritt der Rektor zu den Ankommenden, und er hat für jeden ein gütiges, freundliches Wort.

29. Juni 76
Zwei Jahre später:

Zwei Jahre Schulzeit sind vergangen. Zweimal 365 Tage voller Mühe und Arbeit, Sorgen und Nöte, Kummer und Tränen, Resignation und Müdigkeit. Zweimal 365 Tage aber auch voll der Zusagen Gottes an die etwas müde gewordene Pilgerin, für sie da zu sein, wenn sie Hilfe braucht – ein umfassendes und beglückendes Angebot.
Tatsächlich hat die Krankheit, an der viele Mütter behinderter Kinder leiden, auch mich angesteckt. Zwar habe ich den Gedanken an sie immer weit von mir gewiesen, und neuneinhalb Jahre hindurch blieb ich verschont. Aber wenn die Kinder etwa zehn Jahre alt sind, treten anscheinend Kinder und Mütter in eine neue Phase ein. Es wird wieder schwieriger. Mirjam ist nicht mehr ganz so kindlich und niedlich. Bald werden ihre kleinen Zöpfe und das kurze Röckchen fehl am Platz sein. Es taucht die Frage auf: Wird sie alles gelernt haben, was sie braucht, ehe ihre geistige Aufnahmefähigkeit nachläßt? Als Antwort könnte man jeden Tag mit Lernstoff so voll packen, wie es nur irgend geht. Aber es geht nur bis zu einem bestimmten Grad. Nachmittags, wenn Mirjam heimkommt, ist sie müde von der Schule. Erst abends ist sie wieder ansprechbar, und ich bin froh, wenn wir nochmals das Lesen üben können. Erzwingen läßt sich da aber gar nichts. So muß die Frage, ob Mirjam rechtzeitig lernt, was sie fürs Leben braucht, offenbleiben. Und weil sie offen bleibt, trage ich sie als Sorge – oft unbewußt – mit mir herum. Der Tag mit einem solchen Kind wird nun nicht mehr getragen von Mut und Hoffnung und der Freude des ständigen Neu- und Weiterentwickelns, wie

es bei gesunden Kindern ist. Ich habe mit anderen Frauen darüber gesprochen: es ist überall dasselbe.

Die Freude über die Fortschritte in den ersten neun Jahren ist einer willenlosen Übernahme des eingespielten, meist recht gedrängten Tagesablaufs gewichen. Zwar befehle ich Mirjam täglich in ganz besonderer Weise der Fürsorge Gottes an und erbitte besonders Fröhlichkeit für sie, da dies ihre Lernfreudigkeit außerordentlich stärkt. Das hat auch die Lehrerin bei ihrem neulichen Hausbesuch hervorgehoben. Unser gegenseitiges Verhältnis ist in letzter Zeit besonders innig geworden. Ich bin Mirjams geliebte »Freundin«, was sie mir immer wieder bestätigt. Und merkwürdigerweise ist das ein Trost. Ich erwarte freilich von einem schwachen Kind wenig Hilfe, aber Mirjams Zuspruch ist voller Ernsthaftigkeit.

Am 4. April hatte ich plötzlich so starkes Asthma, daß ich im Bett bleiben mußte. Und wir sollten doch zur Konfirmation eines Patenkindes! Für mich war es unmöglich, so fuhren Mark und die Buben allein. Nun saß das liebe Kind Stunde um Stunde an meinem Bett. Mirjam beschäftigte sich mit Lesen und mit Ansehen von Katalogen und Bilderbüchern. Da ich so schwach war, daß ich nicht aufstehen konnte, machte Mirjam sich ihr Mittagessen selbst. Sie strich sich ein Butterbrot mit Nutella und trank dazu Johannisbeersaft. Nachmittags legte sie sich brav neben mich in Marks Bett und schlief ein Stündchen.

Auch danach umsorgte sie mich in rührender Weise. Auf dem Nachttisch türmten sich viele gute Sachen, die sie zu meiner Ermunterung herbeitrug: Schokolade, Kekse, Nüsse, Bonbons. Als ich gar nichts davon essen wollte, konnte sie das offenbar nicht verstehen. Sie stand still da und überlegte. Plötzlich kam Freude in ihre Augen, sie schlang ihre Ärmchen um meinen Hals und flüsterte mir fragend ins Ohr: »Deine Freundin?« Da drückte ich sie voller Glück an mich und bestätigte: »Ja, deine allerbeste Freundin.«

WENN DER STURZHELM UNTERM CHRISTBAUM LIEGT

Weihnachten 77

Wenn der Sturzhelm unterm Christbaum liegt und sich die Kinder solche Gebrauchsgegenstände zu Weihnachten wünschen, fängt eine Familie an, in neue Dimensionen einzusteigen. Micha, unser Ältester, ist nun beinahe 16 Jahre alt und fängt langsam an, sich von den Eltern zu lösen. Er bildet sich seine eigene Meinung und spricht sie auch aus. Darüber freue ich mich, denn es ist wiederum die allerbeste Gelegenheit, Ungereimtheiten und Unklarheiten zurechtzurücken und nach der eigenen Erfahrung auszugleichen. Dabei braucht man ein gutes Einfühlungsvermögen, das ich mir mehr und mehr aneignen will. Außerdem ist jetzt eine gute Erinnerung an die eigene Jugend von Vorteil. All die Jahre, in denen ich verheiratet bin, habe ich an diese Dinge nicht mehr gedacht. Aber jetzt plötzlich kommen mir wieder Ereignisse in den Sinn, die denen sehr ähnlich sind, die unsere Kinder heute erleben. Wie habe ich mich damals meinen Eltern gegenüber verhalten? Vielleicht habe ich manches nicht so offen ausgesprochen wie unsere Kinder jetzt. Aber gedacht habe ich das alles auch, war oft innerlich trotzig, besonders in den Entwicklungsjahren; ich weiß noch, wie ich vieles einfach so zurechtrückte, wie ich es haben wollte; wohl nicht aus böser Absicht, sondern einfach, weil es meiner aufrichtigen Überzeugung entsprach. Zum Glück ließen uns unsere Eltern viel Entfaltungsfreiheit und hielten sich nicht an Kleinlichkeiten auf. Es gab eine Hauptsache: Gott und seinem Reich nach besten Kräften zu dienen. Vieles war deshalb Nebensache – oder eigentlich das meiste.

So möchte ich es auch bei unseren Kindern halten und wenigstens versuchen, sie nach dem Vorbild Jesu zu erziehen. Zwar möchte ich mir nicht im geringsten einbilden oder anmaßen zu sagen, daß ich dies auch nur annähernd fertigbrächte. Aber versuchen will ich es, heiß darum flehen, daß die Kinder eine Basis für ihr Leben erhalten, die sich auf das Wort Gottes und seine Wirkung gründet. Sie sollen einen festen Grund unter die Füße bekommen und ihn haben, wenn das Leben gemeistert werden soll.

Ein Grundelement dafür bildet der Gehorsam. Ich strebe hier den freiwilligen Gehorsam an, der von der Einsicht und dem Einfühlungsvermögen der Eltern ausgeht. Da gebrauche ich oft die Wendung: »Es wäre einfach prima, wenn du das oder jenes tun würdest. Da würde sich Gott freuen und wir auch.« Dabei kommen die Kinder mehr und mehr in eine Willigkeit hinein, so daß sie den Eltern zuliebe auch etwas tun können, das sie selbst nicht ganz einsehen. Das ist dann schon eine Vorschule für das spätere »an Gott glauben und ihm vertrauen«. Meine Eltern sagten zu uns immer: »Wenn ihr jetzt zu tun lernt, was wir sagen, dann könnt ihr später auch dem Herrn folgen.« Das machte Eindruck, denn das wollten wir auf jeden Fall. Wir hatten damals schon eine Ahnung davon, daß Gott und Jesus Christus der feste und zuverlässige Grund unseres Lebens seien, auf den wir uns verlassen können.

So muß es sein. Manchmal bin ich unsicher, ob ich mich selbst auch wirklich von Gott leiten lasse, um wiederum bei den Kindern nichts zu versäumen. Dann ist es aber wichtig, daß ich mich zu Jesus wende und ihm vorbehaltlos unsere Kinder anvertraue. Bald merke ich: Indem ich so schwach bin, bin ich stark. Seine Kraft wird in mir wirksamer. Das ist kein natürlicher Vorgang. Jemand, der es noch nicht erlebt hat, kann es vielleicht nicht verstehen. Manchmal denke ich selbst, neben all den anderen Sorgen und Schwierigkeiten brächte ich es gar nicht fertig, mich ganz für die »richtige« Kindererziehung einzusetzen, diesen Teil des täglichen Lebens auch als eine Ganzheit zu betrachten, für die es sich lohnt, wiederum Äußerstes zu geben und zu leisten.

Aber während ich oft ratlos bin, fast verzweifelt in meiner

Ohnmächtigkeit, fängt die große Liebe und Gnade Jesu an zu wirken. Ich kann wieder Glauben fassen durch die Zuwendung seiner Stärke und werde selbst wieder stark. Mut und Zuversicht kehren zurück, ein neuer Wille wacht auf. Ich möchte es allen sagen, daß Gott Liebe und Kraft die Fülle hat. Nehmen wir sie doch in Anspruch! Er gibt auf Verlangen, soviel man will. Und wenn alle Leute auf der ganzen Welt alle benötigte und gewünschte Kraft und Liebe von Gott nähmen, so würde doch kein einziger Tropfen im Meer seiner göttlichen Liebe fehlen.

Unsere Kinder sind uns von Gott geschenkt als Leihgabe zur vorläufigen Pflege nach ihren leiblichen Bedürfnissen. Wir sind verpflichtet, sie durch Jesus Christus wieder zu ihm zu führen. Eine sehr schwere Aufgabe, zu der wir den Beistand Jesu brauchen. Ich erfahre immer wieder, wenn man aus Lässigkeit mit dem Beten nachläßt, verstärkt sich die Bosheit der Kinder. Es ist schon so, wie die Älteren sagen: Recht und viel beten ist die beste Kindererziehung. So wäre sie eigentlich leicht, die Aufgabe. Wenn man nur nicht so oft nachließe, müde Knie und lässige Hände hätte! Wir lehren unsere Kinder, folgsam zu sein und mit Nachdruck besonders auch die Ordnung des sonntäglichen Kirchgangs und anderer Erbauungen einzuhalten. Darin liegt ein besonderer Segen, der die Kinder durch ihr ganzes Leben hindurch begleitet. Diese Ordnung verlangt aber auch von den Eltern Disziplin und ein freudiges Vorangehen, damit sie ein Vorbild sind. Den Sonntag heiligen – das will praktiziert sein, auch durchlitten sein. Es ist manchmal, das gebe ich gern zu, mit ein paar Kindern sehr unbequem. Aber wenn wir Eltern selbst Jesus folgen und versuchen, den Sonntag in seinem Sinn zu begehen, wird es immer wieder recht, auch mit den Kindern. Besonders aber dann, wenn wir unter dem Wort Gottes sind.

Da denke ich immer an die Verheißung Jesu: »Wo zwei oder drei versammelt sind in meinem Namen, da bin ich mitten

unter ihnen.« Ich nehme ihn dann beim Wort und sage: Dies ist deine Verheißung. Also kann es gar nicht anders sein, als daß auch die Kinder deinen Segen haben, ja daß du selbst in ihre Gedanken kommst und dich selbst ihnen mitteilst. Ich rechne fest damit, daß die segensreichen Folgen nicht ausbleiben können. Ich behalte diese Verheißung fest im Herzen und lege sie Jesus jedesmal vor, ganz bewußt, ganz fest im Glauben.
Die Woche über dürfen wir auch keine Gelegenheit auslassen, den Kindern anhand der täglichen Ereignisse den Sinn Jesu vorzustellen, sie ständig darauf hinzuweisen, welches Verhalten er von uns verlangt. Wir müssen zu Kindern sprechen, wie wenn wir Erwachsene vor uns hätten. Sie verstehen es gut. Jesu Lehre ist einfach, und sein Geist leitet uns so, daß wir aus der Vielfalt in eine vereinfachte Einfalt gelangen und so verständig reden und hören können.
Vor einigen Jahren war ich etwas besorgt, wie die Kinder von Jesu Wesen auch verstandesmäßig etwas erfahren sollten. Wie sollte ich es bloß anstellen? Also nochmals: die beste Erziehung ist das Gebet. Ja, wahrhaftig. Ich hatte es damals eine Zeitlang etwas vernachlässigt. Jetzt packte es mich wieder mit aller Gewalt. Eines Tages kam der Älteste mit seinem ihm von der Großmutter geschenkten Neuen Testament zu mir. »Sollen wir nicht abends ein Kapitel daraus lesen? Jeder von uns Buben könnte abwechslungsweise einen Vers lesen. Dann haben wir jeden Abend eine kleine Lesestunde!« Und so geschah es.
Der Geist Jesu hatte hier gewirkt – und ist in den Willen dieses Kindes eingegangen. Diese Erfahrung hat mir gezeigt, daß nichts für die Ewigkeit Wirksames und Fruchtbringendes geschehen kann ohne seine Hilfe.
In diesem Zusammenhang möchte ich noch etwas erzählen. Kürzlich klagte eine Frau, im Blick auf zwei halbwüchsige Neffen, man könne sich die Freunde der Kinder nicht aussuchen. Angstvoll dachte ich: Ach, das wäre ja furcht-

bar, es wäre schrecklich, der Willkür des Lebens und des Schicksals ausgesetzt zu sein! Es wäre ja überhaupt nicht der Mühe wert, dieses Leben zu leben, wenn es so wäre. – So ist es aber nicht, Gott sei Dank. Ich habe auch in dieser Lage die Wirksamkeit des Gebetes und die Hilfe Gottes kräftig erfahren; sonst könnte ich das hier nicht mit Nachdruck sagen. Einer unserer Buben war auch mit einem Jungen befreundet, der mir nicht besonders gefiel. Meist ist es aber so, daß die Kinder sich gerade zu solchen Freunden besonders hingezogen fühlen. Offen durfte ich meine Abneigung nicht zeigen; freundlich wies ich immer wieder darauf hin, daß es mir doch lieber wäre, wenn dieser Junge nicht so oft zu uns käme.

Es ging noch eine kurze Zeit. Ich betete um die Verwahrung unseres Kindes, damit Gott es für sich bewahre, solange die Freundschaft noch währte. Selbstverständlich erbat ich auch heiß die Trennung. Gott hat tausend Mittel und Wege dazu. Und siehe da, nach einigen Wochen war alles aus. Ich fragte kaum, warum die Freundschaft aus sei; ich fragte nur, ob der Junge nicht mehr komme. Ich brauchte nicht zu wissen, warum und wieso. Am besten ist es, man rührt nicht daran. Ich wußte ja, wer es so gemacht und gelenkt hatte. Inzwischen hat er einen guten Kameraden gewonnen, dessen Elternhaus auch auf Ordnung und Gehorsam vor Gott sieht.

Ganz ähnlich ist es mir in meiner Jugendzeit ergangen. Ich weiß heute, warum sich alles so abgespielt hat und nicht anders: weil nämlich meine Eltern es ebenso gemacht haben wie ich. So pflanzt sich der Segen in allen Kleinigkeiten tausendfach fort. Wir werden in der Ewigkeit einmal staunen, wie die einzelnen Segens- und leider auch Fluchlinien sich bis ins Einzelne verteilten. Deshalb können wir unsere Tage nicht sorgfältig und verantwortungsbewußt genug verbringen. Aber immer und überall gilt das eine für alle: Aufsehen auf Jesus Christus als den Anfänger und Vollender

jedes Tags; hören, was er zu sagen hat; bitten um Befreiung von dem Bösen, daß wir ihm kein Gehör geben, und neues, stärkeres Vertrauen sich schenken lassen.
Lasset uns auf Jesus Christus sehen! Lasset uns hören, was er uns zu sagen hat! Lasset uns ihm danken und ihm unsere Bitten und Fürbitten in Demut vorlegen!
Dazu gehört auch, daß wir für unsere Kinder um eine klare positive Stellung zu Jesus vor dem 18. Lebensjahr bitten und zwar eindringlich und so lange, bis diese Bitte rechtzeitig erfüllt wird. Jeder, der dieses Gesetz der Volljährigkeit mit achtzehn Jahren und seine oft schwerwiegenden Folgen bei den vielfach irrenden Jugendlichen kennt, weiß, was ich auf dem Herzen habe. Viele Eltern tragen schwer an diesem Gesetz, weil ihre Kinder die Freiheit völlig mißverstehen. An wen sollen sich diese Jugendlichen eigentlich halten? Damit hier wieder ein fester Punkt geschaffen wird, eine Konzentration auf etwas Lohnendes erfolgt, dürfen wir im Gebet nicht nachlassen, bis dieses feste Band geknüpft ist. Solche jungen Menschen sind dann tüchtige Glieder der Gesellschaft und tragen maßgeblich zur Aufrechterhaltung der Ordnung des Staates bei.

EIN TAGESABLAUF *Februar 78*

Wenn Mark und ich um halb sechs Uhr aufstehen, dann habe ich meist schon den vermutlichen Tagesablauf mit dem höchsten und besten Berater, dem Herrn über Leben und Tod, dem Helfer und Erretter aus aller Not besprochen. Das verleiht mir eine große Sicherheit, daß nicht ich, sondern dieser gütige liebreiche Gott das Steuer fest in der Hand hält. Daß natürlich manches Unvorhergesehene kommt, ist mir von vornherein klar.
Schon klingelt auch das Telefon. Mark nimmt ab. Es ist Herr Dorsch, einer unserer Mitarbeiter. Mark wiederholt am Te-

lefon ungläubig, was geschehen ist: Herr Dorsch ist gerade von der Polizei verhaftet worden wegen rückständiger Unterhaltszahlungen. Mir läuft es kalt und warm den Rücken hinunter: Gerade gestern hatte ich diese Zahlung für ihn abgeschickt. War das zu spät gewesen? Ach, dann war ich an der ganzen Sache schuld. Das wäre ja schrecklich. Ich bin kaum mehr imstand, mich richtig zu waschen und zu richten, da meine Gedanken nur noch um diese Sache kreisen. Nur das nicht, nur das nicht! Mit Mühe richte ich den Frühstückstisch, putze Marks Schuhe und belege Michas Brote für die Schule, da er heute den ganzen Tag fort ist. Beim Teetrinken besprechen wir die Sache nochmals. Mark hat Herrn Dorsch bei seiner Einstellung eindringlich gefragt, ob und wie viele Schulden er habe. Es waren zwar viel und hohe Schulden, die in diesem halben Jahr seit seinem Eintritt aus seinem Lohn abgeführt werden mußten. Auch die Unterhaltsverpflichtung hat er angegeben, jedoch nur die laufenden Zahlungen, die ich pünktlich für ihn erledigt habe. Von einem großen Rückstand, der noch bestand, sagte er damals nichts. Schon bald nach seinem Eintritt bei uns erschien er einige Tage nicht zur Arbeit. Wir gaben fast die Hoffnung auf, daß er nochmals käme, denn ähnliches hatten wir mit einem anderen Mitarbeiter schon einmal durchgemacht. Da tauchte Herr Dorsch morgens ganz plötzlich völlig verwildert auf. Er hatte einige Tage in einem Gartenhäuschen geschlafen, obwohl er ein schönes Zimmer in Stuttgart hatte. Was die Leute nur immer zu solch nutzlosen Unternehmungen treibt, ist mir einfach nicht klar. Ich sorgte sogleich dafür, daß er ein Bad nehmen konnte, bereitete ihm ein Frühstück und versorgte ihn noch mit Vesper, da Mark ihn gleich auf eine Baustelle mitnehmen wollte. Sonst könnte er ja doch wieder auf dumme Gedanken kommen.
Dann ging es etliche Wochen gut. Wir taten für ihn, was wir konnten, obwohl wir manchmal am Verzweifeln waren.

Zum Beispiel erschien er eines Morgens überhaupt nicht, und wir mußten einen Mitarbeiter hinschicken, um ihn aus den Federn zu holen. Mark hatte eine Eselsgeduld. Am Heiligen Abend fuhr er sogar mit ihm in die Stadt und kaufte dem armen Menschen einen Anzug, da er bald nur noch in Lumpen herumlief. Herr Dorsch war darüber so beglückt, daß er spontan einer Blumenfrau einen Strauß herrlicher Orchideen abkaufte und sie Mark mitgab für mich. Das freute mich natürlich sehr, obwohl ich mit Bedauern an den Betrag dachte, den er dafür ausgegeben hatte. Merkwürdig, bei manchen Leuten dieser Art ist das Liebevermögen doch nicht zugeschüttet – im Gegenteil, sie können es offen und ohne Vorbehalt zeigen.

Und heute stehen wir nun vor der Tatsache, daß er in die Strafanstalt eingeliefert worden ist. Was tun? Mark will gleich mit unserem Rechtsanwalt sprechen, was zu tun ist, damit Herr Dorsch möglichst bald wieder freikommt. Mark packt seine Mappe und fährt in den Betrieb, der etwa zwei Kilometer von unserer Wohnung entfernt ist. Wir konnten ihn – Gott sei Lob und Dank – letztes Jahr bauen und sind sehr glücklich, endlich eine Heimat mit auskömmlichen Werkstatt- und Lagerräumen zu haben. Vorher mußten wir uns mit unzureichenden Mieträumen begnügen.

Um 7 Uhr geht Micha aus dem Haus. Er fährt mit seinem Mofa in die Schule, die sich drei Kilometer entfernt in der alten Kreisstadt befindet. In der Zwischenzeit putze ich Bad und Toilette und fange mit dem Abwaschen des Geschirrs an. Um 7.10 Uhr wird Martin geweckt, der hier in der Stadt zur Schule geht. Er ist problemlos und schnell fertig. Da bittet er mich schon, ihn schnell noch die Englischwörter abzufragen. Diese fünf oder zehn Minuten kalkuliere ich immer ein für den Fall, daß ich einem der Buben noch etwas helfen muß.

Kurz vor halb acht Uhr mache ich alle Betten und bereite Mirjam auf das Aufstehen vor. Zuerst bete ich mit ihr. Es ist an diesem Morgen nicht so schwer wie sonst, und ich bin darüber froh. Manchmal kommen noch Telefongespräche, wenn Mark nicht umgeschaltet hat. Aber an diesem Morgen ist es ruhig. Das kann ich gebrauchen, da mir laufend die Sache mit Herrn Dorsch im Kopf herumgeht. Mirjam zieht sich größtenteils selbst an, so daß ich inzwischen ihr Frühstück und Vesper richten kann. Wenn sie nicht geradezu nach einem Frühstücksbrot fragt, gebe ich ihr keines, nur ein wenig Sprudel zu trinken. Ich muß sehr auf ihre Figur achten, damit sie nicht zu dick wird. Heute haben sie Schwimmen im Hallenbad; morgen ist Kochunterricht dran. Davon ist sie sehr begeistert. Das Rezept für Pfannkuchen kann sie auswendig, und wenn ich Pfannkuchen mache, darf sie die Zutaten holen und einrühren. Bei solchen Tätigkeiten ist sie sehr sehr glücklich, und ich kann ihr keinen größeren Gefallen tun, als recht oft Pfannkuchen zu backen.

Nun sind wir fertig zum Gehen. Um 8.10 Uhr fahren die Kinder an der Bushaltestelle ab. Auf der Fahrt dorthin holen wir noch ein anderes behindertes Kind ab, das von seiner Großmutter versorgt wird. Sie ist froh und auch sehr dankbar, wenn wir ihr die Sorge um das Hinbringen und Abholen abnehmen. Ein letztes Winken, und der Schulbus fährt mit acht Kindern davon. Es ist ein reizender Fahrer, der nicht alles so tragisch nimmt und es gut mit den Kindern meint. Darüber bin ich sehr froh.

Jetzt fahre ich rasch zur Post und hole die Briefsendungen aus dem Postfach. Heute, am Mittwoch, ist es viel. Montags und dienstags kommt nicht soviel Post, aber mittwochs ist es mehr. Das weiß ich schon und kann mich innerlich darauf vorbereiten. Anschließend reicht es noch, auf der Bank die Auszüge abzuholen, und dann warten auch schon die Putzfrauen an einem vereinbarten Ort. Sie sind zum Glück pünktlich, und ich muß sagen, dafür bin ich tatsächlich dankbar. Welche Mühe hatte ich, bis diese Frauen gefun-

den waren. Da machte ich einiges durch. Als ich einmal gar niemand hatte, kam ich in große Not. Die Wohnungen unserer ausländischen Mitarbeiter müssen unbedingt fast täglich geputzt und gepflegt werden. An einem solchen Tag sah ich vom Auto aus eine Frau, die mit ihrem kleinen Kind an der Hand heimging. Ich stoppte das Auto und fragte sie einfach, wo sie zuhause sei. Es war eine Türkin, »türkisch Frau«, sagte sie, die kaum deutsch verstand. Was tun? Ich brauchte unter allen Umständen noch heute jemand. Da fiel mir ein türkischer Gastarbeiter ein; zu ihm fuhr ich mit der Frau, und er übersetzte ihr, was ich wollte. Sie sagte, sie müsse erst ihren Mann fragen. Mittags ging ich nochmals hin, und er war mit der Tätigkeit für eine bestimmte Zeit einverstanden. War das ein Glück! Ich hatte nun wenigstens in dieser Zeit jemand, und unsere Leute kamen nicht im Schmutz um. Inzwischen hatte ich auch auf mancherlei Umwegen die jetzigen Helfer, italienische Frauen, gefunden. Sie putzen sauber und schnell. Das ist die Hauptsache.
Inzwischen ist es beinahe halb neun Uhr geworden. Mark wartet schon auf mich und überschüttet mich gleich mit Problemen. Das Wichtigste ist natürlich: Wie geht es mit Herrn Dorsch weiter? Es ist gerade so, als ob wir sonst keine Arbeit hätten. Aber es muß sein, wir müssen das vorantreiben. Mark hat sogleich den Rechtsanwalt eingeschaltet. Der setzt sofort ein Schreiben an den Richter der Strafanstalt auf und geht sogar persönlich dorthin, um es zu übergeben. Mehrmals telefonieren wir mit dem Rechtsanwalt, um zu erfahren, wie weit die Sache gediehen ist. So geht es stundenlang. Es ist außerordentlich schwierig, einen Eingelieferten aus der Strafanstalt schnell wieder herauszubekommen. Endlich, gegen Mittag, erhalten wir die Nachricht, daß wir sofort einen hohen Betrag an eine bestimmte Behörde überweisen müssen, um die Unterhaltsschuld von Herrn Dorsch zu tilgen. Das ist die Bedingung für die Haft-

entlassung. Ich muß also sofort zur Bank gehen, das Geld abheben und auf der Post einzahlen. Wir wollen ja den Mann freibekommen, der hinter Gittern nichts Gutes lernt und uns bei der Arbeit fehlt.
Die Büroarbeit und alles, was damit zusammenhängt, erledige ich gern, und oft bedaure ich die Hausfrauen, die an ihre Hausarbeit gebunden sind. Und sie bedauern wieder mich. Sie meinen, ich müßte mich im Büro abschuften und hätte doch nichts Schönes. Da sind sie falsch dran. Erstens will ich ja auch nichts Schönes haben – und zweitens: Was man gern tut, das geht leicht von der Hand.
So geht es mit abwechslungsreicher Arbeit bis kurz vor 12 Uhr. Es ist Zeit, das Mittagessen zu kochen. Oft habe ich morgens schon die Kartoffeln im Sicomatic gekocht. Sie sind dann noch warm. Dazu eine Wurst oder Fleisch, meist auf dem Grill schnell gebraten, und Salat oder Gemüse. Das ist rasch zubereitet. Zum Spaß frage ich Mark manchmal, ob ich nach Art von Bad Krotzingen Essen kochen soll oder nach Art meiner Schwiegermutter, die sehr gut kochen kann. So schmackhaft bringe ich es natürlich in der kurzen Zeit nicht hin. Von Mark kommt dann meist die Antwort: »Krotzingen«. Dort kocht man nämlich eine Diät für Herzkranke, die Mark schätzen lernte, als er vor zwei Jahren einen Herzinfarkt hatte.
Nach dem Geschirrabwaschen geht es zwischen eins und halb zwei Uhr wieder ins Geschäft. Dort rufe ich als erstes die Strafanstalt an und frage, ob ich den Richter sprechen könne. Ich erreiche ihn nicht persönlich; er läßt mir aber ausrichten, Herr Dorsch werde »eventuell« entlassen, sobald die Bestätigung der Einzahlung durch unseren Rechtsanwalt bei ihm eingegangen sei. Wieder warten und einstweilen weiterarbeiten.
Um halb vier Uhr ist dann Mirjam dran; sie muß vom Schulbus abgeholt werden. Wir bringen noch das andere Kind zu seiner Oma zurück; dann fahren Mirjam und ich zusammen

ins Geschäft, wo ich noch etwa bis sechs Uhr bleibe. Inzwischen ist Micha nach Hause gekommen und fragt durchs Telefon, wann ich heimkomme. Er ist hungrig und freut sich auf ein warmes Essen. Unterwegs werfe ich schnell noch die erste Ration der abgehenden Tagespost ein.
Meistens muß ich später noch ein- oder zweimal ins Büro fahren, denn die Monteure kommen oft später zurück und haben noch diese und jene Anliegen. Es muß dann jemand da sein, der ihre Angelegenheiten anhört und sich um sie kümmert. Das geht von der Reklamation der Lohnabrechnung bis zur Einzahlung von Geld für die Familienangehörigen in Jugoslawien.
Endlich ein Anruf von Herrn Dorsch. Er ist wieder frei und wird morgen wieder arbeiten. Darüber sind wir sehr froh; da haben sich unsere Anstrengungen wenigstens gelohnt.
Endlich ist dann Feierabend an diesem Tag. Der Abend gehört uns. Manchmal begleite ich Martin noch mit der Geige am Klavier, manchmal spielen wir auch vierhändig zusammen. Das macht ihm große Freude und spornt ihn an, noch fleißiger zu üben. Mirjam mahnt ihn sogar manchmal: »Martin, Klavier üben.« Das erheitert uns alle, und ihr zuliebe übt er dann eben nochmals an diesem Tag. Ich habe es schon vor längerer Zeit abgestellt, immer zu fragen, was er auf hat und ob er alles geübt habe. Er muß auch hier die Verantwortung übernehmen; wenn er seine Stücke beim Vorspielen dann nicht kann, muß er es selbst tragen.
Schließlich erkundige ich mich bei den Buben noch nach den Hausaufgaben und höre dies und jenes ab. Dabei können wir uns auch gut über die Ereignisse des Tages unterhalten, und ich höre so manches heraus, wenn sie erzählen. Ich bin dankbar dafür, daß sie gehorsam sind und im allgemeinen die gesteckten Grenzen bis jetzt nicht übertreten. Es gehört viel Weisheit dazu, diese Grenzen nicht zu eng und nicht zu weit zu stecken. Diese Weisheit habe ich zwar auch nicht, doch möchte ich sie mir mehr und mehr schen-

ken lassen. Im übrigen ist es so: je größer die Kinder werden, desto weniger kann man sie beaufsichtigen. Was aber dann? Da gibt es nur eines: sie der Wachsamkeit Gottes anbefehlen, sie loslassen, sie ihm überlassen. Er macht ja alles besser als ich, sieht zu allem, sieht vor allem alles im voraus. Da kann er bewirken, daß ich ihn bei besonders schwierigen Situationen dringender bitte als sonst. Man sollte offen sein für sein Geheiß. Das habe ich besonders in letzter Zeit häufig erlebt. Er erhört uns nach unserem ernstlichen Bitten ganz bestimmt.

Mirjam macht nun auch ihren Anspruch deutlich: ich soll mit ihr lernen. Sie holt Lesebuch und Schreibheft aus der Schultasche. Da übe ich noch ein wenig mit ihr. Es freut mich, daß sie so eifrig ist und von selbst lernen will.

Inzwischen ist es acht Uhr geworden; Mirjam sollte ins Bett. Zwar will sie – wie andere Kinder auch – nicht schlafen gehen, doch merke ich, daß sie sehr müde geworden ist. Martin muß ihr noch ein Abendlied spielen, dann beten wir mit ihr – und bald ist sie selig eingeschlafen. Ich muß aufpassen, daß nicht einer der Buben sie nochmals aufweckt. Denn wenn sie so süß in ihrem Bett liegt, können sie es sich kaum verkneifen, ihr wenigstens das Ärmchen zurechtzulegen oder die Haare aus der Stirn zu streichen.

Mit den Buben gehe ich nach oben in ihre Zimmer. Wir lesen noch einen Abschnitt aus unserer Bibel. Das ist immer ein schöner gemeinsamer Abschluß, bei dem ich manchmal Gelegenheit habe, sie auf die Wichtigkeit der Gotteskindschaft hinzuweisen und auf die Nichtigkeit und Kleinheit unseres irdischen Wollens und Wünschens. Eines zählt: Gottes Kind zu sein und seine Gebote zu erfüllen, die sich mit den Geboten der Eltern vereinigen.

Danach räume ich kurz die Zimmer auf und bin noch eine halbe Stunde für mich. Sie tut mir gut, da ich den Tag überdenken und Gott mein Versehen, mein Versäumen und Versagen beichten muß. Er weiß es zwar alles schon, doch möchte er es gern auch von mir hören. Bei den meisten Tagen ist am Ende wenig Gutes zu verzeichnen. Das demütigt mich, und ich verspreche, es in Gottes Kraft morgen besser zu machen. Ich habe einmal gelesen, daß Gott uns in unserer Schwachheit gnädig ansieht und uns schon als vollkommen darstellt, wenn wir nur den festen Willen haben, es jeden Tag besser zu machen. Er nimmt also unseren Willen so, als ob die Tat schon nach seinem Willen getan wäre. Das verleiht mir einen gewissen Trost. Sonst wäre ich schon oft verzweifelt.

Vor einiger Zeit habe ich mit anderen Frauen über ihre täglichen Nöte und Kümmernisse gesprochen. Eine ältere Frau sagte, sie möchte am liebsten in der Frühe den Tag nicht sehen. Sie hat Angst, was am morgigen Tag alles auf sie zukommen könnte. Eine solche Angst ist schlimm, denn damit verdirbt man sich und anderen die Gegenwart. Ich sagte dieser Frau, der Herr habe nicht umsonst davor gewarnt: Sorget nicht für den morgigen Tag, denn der morgige Tag wird für sich selbst sorgen. Aber genau so ist es mir auch schon ergangen. Ich glaube, niemand kommt darum herum, diese Angst einmal durchzumachen. Da hatte ich Angst vor einer Besprechung oder einer Prüfung. Die Tage zuvor war nicht viel mit mir anzufangen, und ich quälte alle um mich herum. Das darf nicht sein, und wir müssen um Gelassenheit und Frieden bitten in solchen Situationen. Dann werden wir ruhiger.

Eine andere Mutter von mehreren Kindern hatte furchtbare Angst vor schwerer Krankheit. Solche Angst quält. Nur mit Mühe und Not konnte sie ihre täglichen Pflichten erledigen. Die Angst lähmte sie geradezu, daß sie nicht imstande war, etwas anderes zu denken als: wird der ärztliche Befund positiv oder negativ sein? Aber solche Angstzeiten können oft heilsam sein, denn man sieht nachher alles wieder mit anderen, gesünderen Augen an, mit wacheren, mit dankbare-

ren. Ja, diese Angst kann sogar ein großes Glück sein, wenn sie uns nahe an das Herz Jesu heranführt.
Auch eine gläubige Frau aus der Schweiz befragte ich. Ihr macht die Furcht vor einem Krieg zu schaffen. Aber, so meinte sie, der Herr Jesus sei dann ja auch zur Stelle, und so wolle sie versuchen, sich immer mehr in Gottes Willen zu versenken. Wenn ihr dann Leiden beschieden sein sollten, dann wolle sie sich willig ergeben. Als Christin habe sie aber am meisten davor Angst, vom Herrn abzufallen und Sünde zu tun. Sie meinte, besonders in schweren Zeiten sei man anfällig für die Einwirkungen der Finsternis, und zwar, wenn man körperlich schwach sei. Zwischen dem Bleiben am Herrn und dem Abfallen in Sünde sei dann oft nur ein kleiner Schritt.
Eine andere Frau hatte große Angst, ihren Mann zu verlieren. Sie hatten offenbar auch schon von Trennung gesprochen. Sie sagte, es sei wie Todesangst; alles in ihr sei erstorben durch das Verlangen des Mannes, sich scheiden zu lassen. Er meine eben auch, er könne sich ein leichteres Leben an der Seite einer jüngeren, berufstätigen Frau leisten. – Was sollte ich raten? Ich sprach mit ihr. Ihr völlig verängstigter Geist, ihre verzweifelte Seele bat den Herrn um Hilfe, stündlich. Sie ließ nicht mehr nach mit Wachen und Beten. Ihr Mann wurde ruhiger, Gott kam mit seinem Geist in seine Gedanken, er wurde wieder etwas freundlicher, dann immer mehr, und schließlich gründeten beide ihre Verbindung neu im festen Glauben an Jesus Christus.
Ich sage das immer wieder nachdrücklich: Gott läßt das Bitten einer fast zu Tode geängsteten Seele niemals unerhört. Er führt unser Leben zwar oftmals anders, als wir es uns vorstellen, aber immer führt er es herrlich hinaus.

AN MIR UND MEINEM LEBEN *April 78*

»An mir und meinem Leben ist nichts auf dieser Erd; was Christus mir gegeben, das ist der Liebe wert.« So sage ich, wenn sich die Leute für meinen Einsatz an einem Versammlungsabend bedanken wollen. Wenn Gott nicht wirkt, so kann ich auch nicht wirken. Da hilft alles große Besinnen, alles Vorbereiten nichts mehr. Beim Schreiben eines Kapitels in diesem Buch erging es mir so. Ich hatte eine vermeintlich gute Idee und wollte mich gleich ans Schreiben machen. Aber es wollte mir einfach nichts einfallen, die Gedanken flossen nicht wie sonst aus der Feder. Wochenlang hing ich da und konnte einfach nicht in Worte bringen, was ich im Herzen hatte. Da bat ich den Herrn, es mir zu sagen, wenn ich es schreiben sollte, oder eben auch nicht, wenn es nicht sein sollte. Da endlich, ganz unvermutet an einem Abend, als ich besonders viel zu tun hatte, kam es über mich, und in allerkürzester Zeit war das ganze Kapitel zu Papier gebracht. Da merkte ich: erst wenn Gott die Zeit dafür bestimmt hat und er es will, kann ich es tun in seiner Kraft, in seinem Geist.

Dieses demütige Warten auf sein Geheiß möchte ich mehr und mehr lernen. Besonders wichtig ist in diesem Zusammenhang das Bemühen, der oder die Kleinste sein zu wollen. Aus diesem Gedanken und Wollen heraus schrieb ich einem Kreis zu Advent vor eineinhalb Jahren folgenden Brief:

Inzwischen sind wir alle in die Adventszeit eingetreten. Jedes Jahr erwartet man – mir geht es wenigstens so – eine besondere Wirkung von ihr, einen besonderen Eindruck, liege er nun auf einem Wort, auf einem Bild oder auf einer Begebenheit.

Das Wort vom Kommen Jesu allgemein und zu mir persönlich habe ich schon oft gehört, mich auch davon bewegen lassen; es ist mir schon sehr ernst damit gewesen. Er möchte zu mir kommen und mich befreien. Wovon? Zum Beispiel von verschiedenen Untugenden. Und so habe ich mir gedacht, wenn du dich jedes Jahr in der Adventszeit auch nur von einer Unart trennen würdest, dich von einer Unart freimachen ließest, dann wäre jede Adventszeit voller Segen. Ich habe mir für diesmal – oder eigentlich schon seit einiger Zeit – vorgenommen, etwas an Demut zu lernen. Dies fängt damit an, daß wir nicht der Größte, sondern der oder die Kleinste sein wollen: in der Hausgemeinschaft, dem Ehepartner gegenüber, im Büro, im Einkaufsladen, also immer dort, wo man sich auch behaupten könnte. Es ist eine feine Schule. Wer sie mit Gottes Hilfe durchlaufen hat, ist mit allem zufrieden und nimmt alles dankbar an.

ADVENT – Jesus befreit uns von uns selbst. Welche Güte! Wenn wir uns nur auch ein bißchen mitbemühen wollten! Inzwischen ist viel Zeit, sind viele Tage, Wochen und Monate vergangen. Zuerst brauchte es ein aufrichtiges, tatkräftiges Wollen. Immer wieder kamen Gelegenheiten, das, was ich wollte, in die Tat umzusetzen. Anfangs ging es etwas schwer und sauer. Aber weil ich doch ernsthaft und um jeden Preis das Ziel erreichen wollte, lernte ich geduldig mehr und mehr den Weg der Demut zu gehen. Und irgendwie hatte ich dabei den Eindruck, es könne mir dabei recht wohl werden und ich fände damit ein Stück echten Glücks. Und ich fand dieses echte Glück gleich doppelt. In diesem demütigen, abwartenden Verhalten überkam mich die praktische Liebe, die Nächstenliebe, die barmherzige Liebe zu allen Menschen, denen ich direkt oder indirekt begegnete. Nächstenliebe wächst nicht in einem stolzen Wandel, in einem überheblichen Herzen, sondern nur in der demütigen Gewißheit: Wenn Gott mich nicht errettet hätte und jeden Tag heben und tragen würde, wäre ich null und nichts.

Ich habe jahrelang heiß um ein liebendes Herz besonders zu

den Menschen gekämpft, mit denen ich täglich umging, die mich täglich bei der Arbeit am meisten forderten. Ich konnte Gottes Liebe, die mir doch täglich zuteil wurde und für die ich dankbar war, doch nicht weitergeben; ich konnte einfach nicht. Äußerlich gab ich mir wohl in einer gewollten Freundlichkeit Mühe. Aber ich merkte, diese Fassade bröckelte langsam ab; ich hatte nicht die Kraft, solche Freundlichkeit aus dem Herzen zu leben.

Und jetzt fand ich sie, die Liebe, die in mein Herz drang und die auch die andern um mich tragen konnte. Die Freudigkeit dieser Liebe breitete sich in mir mehr und mehr aus, so daß ich hier wenigstens einen guten Anfang erfahren durfte. Das zeigt sich darin, daß ich nicht mehr so oft und so sehr ärgerlich werde, daß ich Versäumnisse und Widrigkeiten zum Besten kehren, daß ich auch schwere Fehler ruhig besprechen, ja daß ich mich ohne Bitterkeit auch ausnützen lassen kann.

Ich brauche dann auch nicht mehr darüber nachzudenken, wie die Leute mich einschätzen, ob sie mich mögen oder nicht. Ich weiß, daß ich jeden Tag ganz bewußt für Gott und den Nächsten tue, was in meinen schwachen Kräften steht. Es kommt sogar vor, daß ich mich nach Proben und Anfechtungen sehne, um Jesu Sinn in noch vollkommenerer Weise und mit Freuden nacheifern zu können.

Da erfüllt mich die Gewißheit jeden Tag mit hoher Seligkeit und großem Glück, daß der Allerhöchste mein besten Freund ist. Und mit jedem Tag komme ich der Ewigkeit, meiner Heimat, ein Stück näher, und jeder Tag bringt mich näher dem Augenblick, an dem ich den Einzigen, Schönen, Herrlichen, den ich täglich und innig geliebt habe, sehen, seine Herrlichkeit mit ihm teilen und in seiner Nähe sein darf. Es wird der schönste Tag meines Lebens werden: die Erfüllung aller Erfüllungen.

WAS IST URLAUB? / *Sommer 78*

Unsere ersten »geplanten« Ferien nach sechs turbulenten Jahren haben mich zu einigen Überlegungen gebracht. Ich denke darüber nach, wie wir diese zum Teil sehr schwierigen Zeiten ohne nennenswerte Erholung überstehen konnten.
Da habe ich an früher gedacht. Unsere Mütter und Großmütter hatten meist keine Möglichkeit, ein paar Tage auszuspannen. Alte Bücher erzählen, ihre einzige Ausruhezeit sei das »Kindbett« gewesen. Und leichter haben es die damaligen Generationen bestimmt nicht gehabt. Im Gegenteil, wie mußten die Bauersfrauen sich Tag für Tag, Jahr für Jahr mit der Feld- und Hausarbeit abmühen! Dazu kam noch die Erziehung der oft großen Kinderschar. Außerdem litten sie oft große Not. Ich habe heute noch vor jeder Bauersfrau große Achtung. Eine Bäuerin hat viele und große Aufgaben. Von Urlaub habe ich bei ihnen noch nicht viel gehört. Aber vielfach ist dort noch eine gewisse Unverdorbenheit vorhanden, eine Abhängigkeit von Gottes Walten, es besteht noch ein fühlbares Gottvertrauen. Ist das der Grund, warum sie ihre große Last tragen und aushalten können?
Alle sagen zu uns: »Ihr müßt euch wenigstens einmal im Jahr erholen; das braucht ihr zum Kräftesammeln. Ihr werdet sehen, nachher geht alles wieder viel leichter.« Das stimmt nicht. Was wäre mit all denen, deren Verhältnisse es nicht erlauben, daß sie sich vom Alltag lösen, irgendwo Ferien machen und sich erholen? Ich weiß viele, die tagtäglich eingepfercht in Not und Drangsal leben müssen. Was ist das Geheimnis ihres Aushaltens? Sie wissen, daß sie in Jesus Christus volles Genüge haben können. Wir dürfen ihm täglich alles sagen, all unsere Nöte und Sorgen vor ihm ausbreiten und sie in seine Hände geben. Bei ihm sind diese Nöte gut aufgehoben, viel besser als in unseren unruhigen,

unsteten Herzen. Und wenn wir diese Nöte und Lasten dorthin gegeben haben, sind sie weg und belasten uns nicht mehr. Der Friede Gottes zieht in unser Herz ein, und das bringt echte Entspannung, Erholung für unseren Geist, für unsere matte Seele, für unser oft mutloses Gemüt: das ist echtes Kräftesammeln für alle Aufgaben.
Schon lange habe ich den Verdacht, daß es für viele kein anderes Motiv für Urlaubsreisen gibt außer etwa Abenteuerlust oder den Wunsch, seinen alltäglichen Pflichten und Mühsalen zu entfliehen. In vielen Fällen wird deshalb der Urlaub zum reinen Unsinn. Die Leute wollen ihren Verhältnissen, die ohne Gott immer belasteter werden, möglichst oft entrinnen. Deshalb ergreifen sie die Flucht in die Abwechslung, ins Neue, ins Unbekannte, ins Abenteuer. Dabei verwickeln sie sich aber immer mehr in Scheinfreuden, in schale Erinnerungen an zweifelhafte Erlebnisse, die sie immer neu wieder mit andersartigen Ereignissen überbieten müssen. Welcher Tanz ums goldene Kalb! Ich bedaure diese Menschen. Zuletzt sind sie eben doch an der Grenze, die uns Menschen gesetzt ist, angekommen. Und weiter kann man nicht, kann keiner. Was zurückbleibt, ist eine neu gewachsene Unzufriedenheit mit sich selbst, mit den anderen Menschen und mit Gott.
Was die Vorstellung angeht, hinterher gehe alles viel leichter, so gilt eher das Gegenteil. Durch das Sich-Gehenlassen ist die Leistung geringer, das Denken geht nicht mehr so flink, die Hände auf der Schreibmaschine sind außer Takt geraten, die genau eingespielte Organisation schleppt sich mit viel Hindernissen dahin, alles in allem ein mühevoller Alltag mit viel Unzufriedenheit und Enttäuschungen.
Im März dieses Jahres meldeten wir uns für drei Wochen in die Berge an. Dann aber ergab sich bei unserer Arbeit eine unvorhergesehene Verschiebung, so daß die Ferien – hauptsächlich für Mark – ins Wasser zu fallen schienen. Ich freute mich schon insgeheim, daß wir dann alle nicht fahren

würden, da ich zum Urlaub einfach nicht geboren bin. Dazu kommt unser behindertes Kind. Solange Mirjam klein war, war das Urlaubmachen etwas leichter. Seit sie größer ist, wird es immer schwieriger. Die Problematik liegt nicht darin, daß ein behindertes Kind dabei ist, sondern darin, daß die gesunden Geschwister da sind, in unserem Fall zwei halbwüchsige Buben. Das behinderte Kind ist für ihren Erlebnishunger ein Klotz am Bein. Da kommt dann nur eine Teilung der Familie in Frage. Das hat zur Folge, daß ich daheimbleiben muß, während der Vater mit den beiden Jungen die Wanderungen und Ausflüge macht. In dieser Situation bin ich aber zuhause mit dem festen Tagesablauf für Mirjam viel besser aufgehoben.

Micha mit seinen sechzehn Jahren fühlt diese Urlaubseinschränkung besonders. Er wandert auch nicht gern, so daß für ihn der Bergurlaub schlimm geworden wäre. Da, meinte er, würde er hundertmal lieber auf dem Dach arbeiten, als in die Berge zu gehen. Ich kann ihn gut verstehen. Ich war früher genauso. Am allerglücklichsten war ich, wenn ich bei Näharbeiten meinen Gedanken nachhängen konnte. Urlaub und Ferien interessierten mich wenig. Da fühlte ich mich in Gottes Welt so unnütz. Genießen, das wußte ich nicht, wie man das machen soll. Ähnlich ergeht es nun offenbar auch Micha. Sein Eifer ist enorm. Morgens will er der erste im Geschäft sein und aufschließen. Da müssen auch morgens vor Beginn um 7 Uhr noch die Montagewagen getankt werden. Für den Abend wurde ihm von Mark übertragen, daß er, wenn die Monteure oft später zurückkommen, noch die Werkstatt- und Lagerhallen abschließt und nachsieht, ob alles in Ordnung ist. Es freut mich, daß er so pflichtbewußt ist. Dafür darf er sich auch mal ans Steuer der Lastwagen setzen und im Betriebsgelände herumfahren.
Und dann bin ich eigentlich auch dankbar dafür, daß er als Liebhaberei in seiner Freizeit das Motorradfahren gefunden hat. An warmen Sommerabenden flitzt er mit seinem

Freund noch ein wenig durch Wald und Flur, und als Abschluß machen sie dann noch den Rundgang im Betrieb. Dabei hat das Motorrad einen doppelten Nutzen. Wir haben einen Anhänger dafür gekauft, und so kann Micha ab und zu Material rasch auf nahe Baustellen befördern.
Die Leute fragen mich, ob ich denn keine Angst vor einem Unfall habe, wenn die Burschen mit ihren Motorrädern so schnell fahren. Da sage ich: »Nein. Gott behütet und bewahrt die Kinder, wenn man ihn darum bittet.« Im übrigen lege ich die Erziehung der größeren Kinder mehr und mehr in Gottes Hände. Je größer sie werden, desto weniger kann man sie beaufsichtigen. Es treten Umstände ein, in denen wir sie nicht mehr führen können. Selbst können sie sich auch nicht führen. Was also dann? Da gibt es nur eines: sie Gott anbefehlen und damit einverstanden sein, wie er es macht. Er sieht alles. Wenn sie eine Strafe brauchen, soll er sie geben. Das macht mich ruhig. Was geschieht, geschieht nach seinem Willen. Er soll die Kinder so leiten, wie er sie für sich und sein Reich brauchen kann.
Ich hatte schon den Absagebrief geschrieben, daß wir unseren Urlaub nicht antreten könnten. Aber Mark ließ nicht zu, daß ich ihn absandte. Ich sollte mit den Kindern fahren, und Mark wollte jeweils über das verlängerte Wochenende kommen. Ein schwerer Druck legte sich auf mich, schon die Vorstellung eines solchen Urlaubs kostete mich Nervenkraft. Aber ich hatte mich entschlossen, die mir verordnete Situation anzunehmen. Ich wollte warten, was Gott mit uns vorhat. Das wurde jetzt von mir verlangt.
Doch alles kam ganz anders. Meine Schwiegereltern hatten angekündigt, mich und die Kinder im Urlaub zu besuchen. War das ein Fest! Mirjam war vorher, in den Ferien, drei Wochen lang bei ihnen gewesen. Das war eine große Erleichterung für mich, denn ich mußte für unsere ausländischen Mitarbeiter vor ihrer Heimfahrt in den Urlaub noch allerlei Papiere und Bescheinigungen besorgen.

Nun sind sie also da! Es ist eine Wonne, wie Opa und Oma sich so freundlich und geschickt mit Mirjam befassen und auf sie eingehen können. Bei einsamen Spaziergängen auf ebenen Wegen fühlt sich Mirjam am wohlsten. Sie mag die vielen Leute nicht. Deutlich haben wir das gemerkt, als wir auf Marks Wunsch und trotz meiner Bedenken aufs Jungfraujoch fuhren. Mirjam war sehr ängstlich und weinerlich, und wir hatten manchmal alle Not, sie einigermaßen zu beruhigen. Solche Ausflüge bringen für Mirjam keine Freude, sondern nur Ängste und Verkrampfungen.
Ich selber bin in diesen Tagen innerlich unruhig. Ich muß an Mark denken, der sich im Büro mit der vielen Arbeit herumplagt. Gerade zu dieser Zeit haben wir eine sehr große Baustelle in Böblingen. Wenn es soviel regnet wie jetzt, kommen wir in großen Zeitdruck, weil wir unsere Arbeiten innerhalb eines Vierteljahres abschließen müssen und Regentage nicht einkalkuliert sind. Da müssen wir Geduld aufbringen und gutes Wetter erbitten. Wenn man dabei zu zweit ist, ist es besser. Und wenn ich fort bin, sehe ich nicht, welches Wetter daheim herrscht, und die Sorge geht mir nicht so nahe. Das empfinde ich als Zwiespalt und bin deshalb unglücklich, obwohl würziger Heuduft und munteres Bachgeplätscher uns erquicken, wenn wir auf dem Balkon sitzen. Nicht einmal zum Schreiben finde ich die nötige Ruhe und Konzentration. Es fällt mir einfach nichts ein. Ich lasse mich leider zu sehr aus meiner inneren Gefaßtheit und dem Frieden mit Gott herauslocken, den ich sonst daheim bei meiner täglichen Arbeit empfinden und genießen darf. Was mir aber an der Schweiz besonders auffällt und was mich beeindruckt, sind die Spuren Gottes in der Natur und auch bei den Menschen. Wenn man darüber nachdenkt, so kann man sagen, daß die Menschen hier nicht so viel Schuld auf sich geladen haben in Kriegen und durch grausame Menschenvernichtungen. Der Alltag in diesem Land ist von einer verhaltenen, steten Freundlichkeit be-

stimmt, ohne Hast, ohne treibendes Drängeln. Das ist wohltuend, wenn man an unseren deutschen Alltag denkt, wo Eile, Aggressivität und Unverschämtheit das Leben bestimmen.
An dieses Thema knüpft auch der Text aus Psalm 118 im sonntäglichen Gottesdienst an. Wenn wir unser Seelen- und Gemütsleben eintauchen im Glauben, so erfahren wir die vollkommene Güte und Freundlichkeit Gottes in Jesus Christus. In diesem Eintauchen in die Glaubenserfahrung der Güte Gottes geben wir diese Freundlichkeit und Gütigkeit an unsere Mitmenschen weiter. Durch Glauben sind diese göttlichen Vorzüge Wesen in uns geworden, und wir strahlen dieses Wesen dann wie selbstverständlich aus.
Heute abend will Mark kommen, so daß wir den Samstag und Sonntag zusammen verbringen können. Am Montag fahre ich mit ihm heim, und am Samstag darauf kommen wir wieder, um die Kinder nach einem weiteren gemeinsamen Wochenende nach Hause zu holen.

Schließlich fuhren Mark und ich erst am Dienstagmittag zurück. Ich hatte mir die Lage zuhause schlimm vorgestellt, aber doch nicht so schlimm, wie sie wirklich war. Schon in der ersten Stunde mußten wir uns mit so vielen und verschiedenartigen Problemen befassen, daß ich meinte, wir seien schon tagelang im Streß. Ich wünschte tatsächlich, ich wäre nicht fortgewesen. Bis hier alles wieder geglättet ist, wird es Tage brauchen.
Und das ist es, was ich meine: Wenn wir nicht aus Jesus Christus täglich Kraft und Mut schöpfen, halten wir nicht durch. Da hilft auch ein noch so gut und sinnvoll geplanter Urlaub nicht viel. Er hilft uns vor allem nicht, uns immer und überall zu bewähren. Besonders wenn Notzeiten kommen, trägt nur die Zuwendung Gottes und ein zuversichtlicher Glaube. Ich weiß gut, daß viele Leute bei schweren Belastungen zu Medikamenten greifen und dadurch ihr

Leben scheinbar meistern. Aber das alles ist nur Fassade. Dahinter stecken Mutlosigkeit, Verlassenheit, Verwirrung und Ausweglosigkeit.

Ach, ich möchte sie alle hinweisen auf Jesus, diesen Helfer und Retter aus aller Not, daß sie zu ihm kämen und getrost ihren Weg gehen könnten. Da würden sie nicht täglich geplagt und gepeinigt von Ungewißheiten, von Unrast und von Schicksalschlägen. Sie könnten Glück und Unglück ruhig und gelassen aus seiner Hand nehmen. Auch wenn Schweres auf uns zukommt, mit Jesus Christus können wir es tragen. Er mutet uns kein Zuviel zu.

UNSERE TÄGLICHE STILLE ZEIT

Lesen ist fruchtbar, fruchtbar für diese und jene Welt, für unser Heil oder für unser Unheil – je nachdem. Auf jeden Fall setzt uns das, was wir lesen, in Bewegung. So wurde auch ich bewegt durch einen Artikel in einem Frauenblatt. Er lautet:

»34 52 22! Ich wähle die Nummer nun zum dritten Mal, lasse durchläuten, bis ich aus der Leitung geworfen werden, und fange wieder an. Es muß doch jemand zu Hause sein. Vielleicht ist er weggegangen – er ist Kollege meines Mannes –, aber sie hat doch die Kinder. Die können doch nicht allein sein. Der Älteste wird schon in der Schule sein, das Mädchen vielleicht auch, aber die drei Kleinen. Ich muß unbedingt Bescheid geben wegen einer Beerdigung. Schließlich gebe ich auf. Versuch ich's eben später wieder. Vielleicht macht sie Einkäufe ...

34 52 22! Diesmal klappt es. Der Junge nimmt ab. ›Ich habe schon ein paarmal versucht, euch zu erreichen, aber es hat niemand abgenommen!‹ – ›Um diese Zeit nimmt bei uns keiner ab. Die Kleinen dürfen nicht ans Telefon, und Mutti

hat ihre stille Zeit!‹ Mir verschlug es die Sprache. Der Junge notierte die Sache mit der Beerdigung, und ich hatte Stoff zum Nachdenken. Zuerst neigte ich mehr zu Bewunderung und Anerkennung. Da war also eine Frau, die den Mut hatte, sich am Telefon entschuldigen zu lassen, weil sie zu der Zeit am Morgen betete, ohne Angst, um dieser Sache willen belächelt zu werden. Sie hat Mut!
Aber je länger ich darüber nachdenke, desto mehr quälen mich Zweifel, ob das die ›wahre‹ Frömmigkeit ist. Stille Zeit, Meditation ist eine gute Sache. Ich habe aber das Gefühl, daß da irgendwo ein Widerspruch steckt. Tagelang beschäftigt mich ›Muttis stille Zeit‹. Also fange ich nochmals von vorne an: Wozu ist die stille Zeit da? Sie soll eine Hilfe sein. Hilfe für wen? Für den, der sie einhält. Wie soll sie sein? Still! Still im Gegensatz zu der Hetze, dem Lärm des Alltags. Sie soll uns helfen, uns vom Alltag zu lösen, loszukommen von all dem Kleinkram, der uns auffrißt. Also ist die ›stille Zeit‹ ein Geschenk an uns. Und jetzt hab ich's: *Sie ist keine Pflichtübung!* Da liegt der Denkfehler. Ich kann mir das Geschenk nicht erkaufen, vor allem nicht mit Opfern, die andere dafür bringen müssen. Da sind die Kinder. Sie dürfen Mutti nicht stören. Drei kleine Kinder, die genau wissen: Mutti ist im Nebenzimmer, aber trotzdem unerreichbar. Menschen, die das Pfarramt anrufen wollen wegen irgendeiner Sache. Ist es ein Geschenk, wenn ich es Tag für Tag zur selben Zeit ›in Empfang nehmen‹ muß? Kann sie ein Geschenk dankbar annehmen und die Zeit der Stille auskosten, wenn das Telefon klingelt, die Türglocke läutet, ein Kind weint?
Am Ende meiner Überlegungen war ich eher empört als der Bewunderung voll. Sie ist also fromm auf Kosten anderer. Und die Kosten sind hoch. Vielleicht bringe ich deshalb so wenig Verständnis für sie auf, weil ich nicht der Typ zum Meditieren bin. Für mich ist beten so eine Art Dauerverbindung zu Gott. Vergleichen wir es mit dem Telefon, so muß

ich nicht erst wählen, sondern spreche gleich, wie ich etwa mit einem Menschen reden würde, der gerade neben mir geht. Ich kann in der Hauptgeschäftsstraße mit ihm reden, während einer Unterrichtsstunde, nachts, wenn ich aufwache, eigentlich immer...
Natürlich gibt es auch stille Stunden, aber die sind nicht im Tagesplan. Vielleicht ist die Vorbereitung eines solchen Artikels einer Meditation nicht unähnlich, vielleicht die Vorbereitung des Kindergottesdienstes; irgendwie wächst das Bedürfnis danach organisch. Nun sollen Sie beileibe nicht glauben, ich sei grundsätzlich gegen die Meditation als Form des Gesprächs mit Gott. Nein, das nicht! Aber ich bin dagegen, daß man die ›stille Zeit‹ als Pflichtübung abhält. Und ich bin auch dagegen, daß man dem Menschen eine gewisse Frömmigkeit abspricht, der mit Gott eine andere Art Verbindung hat. Und ich bin gegen jede Art von Frömmigkeit auf Kosten anderer. Menschen brauchen die Stille als Kraftquell, aber die Zeit dafür sollte so liegen, daß man sich dadurch nicht den Pflichten gegenüber anderen entzieht und andererseits auch gegen Störungen von außen weitgehend abgeschirmt ist. Dann ist sie sinnvoll und kann zum Geschenk werden.«

Ich war betroffen, las ein zweites Mal, Zustimmung und Widerspruch brachen zugleich in mir auf. So konnte ich nicht anders, als meine Erfahrungen dazu der Zeitschrift mitzuteilen:
»Ich halte eigentlich auch nichts davon, unbedingt, jeden Tag zur gleichen Zeit meine persönliche Andacht, das Gespräch mit Gott und Jesus Christus zu führen. Das Verlangen zum Beten und Betrachten des Wortes Gottes läßt sich, so habe ich das erfahren, nicht an eine bestimmte Zeit binden oder in einen starren Rahmen, in festgesetzte Grenzen hineinzwängen. Aber eine feste Gewohnheit kann eine Hilfe sein. Man muß sich nicht an eine feste Zeit binden.

Zwar überschlage ich abends vor dem Einschlafen den ungefähren Ablauf des nächsten Tages. Wenn ich sehe, daß voraussichtlich keine freie Zeit bleibt, in der ich Stille finden kann, stehe ich eben etwas früher auf. Da es nun zu einer vorgefaßten Zeit geschehen soll, bitte ich um die Gegenwart Gottes, die dann auch gewährt wird.
Manchmal lasse ich es auch darauf ankommen, wie alles läuft. Dann hat es freilich der Böse schon fertiggebracht, mir alle Tätigkeiten wichtig und unaufschiebbar zu machen, so daß es Abend wurde und kein Augenblick der Stille blieb. Und dann? Dann bleibt nichts anderes übrig, als sich ins Erbarmen Gottes zu werfen und herzlich zu danken für gnädige Bewahrung, für seine Liebe, die uns trotzdem durchgetragen hat. Der Friede, der so aus dem Danken erwächst, ist oft ein größeres Geschenk als das, was aus einer festgelegten, aber zur Gewohnheit erstarrten Gebetszeit erwächst.
Niemals brächte ich es zum Beispiel fertig, andere abzuweisen, um egoistisch ›meine‹ stille Zeit zu finden. Jesus erwartet von uns, daß wir für die Nöte unseres Nächsten offen sind – sogar dann, wenn wir innerlich selbst bedroht und zerfahren sind. Indem wir anderen helfen, kann uns selbst geholfen werden. Ich möchte ›meine‹ Zeit, die Gott mir zur Verfügung stellt, nicht egoistisch für mich beanspruchen. Jesus erwartet von mir, daß ich in Geduld für andere dasein kann, auch wenn ich manchmal andere Pläne gehabt habe. Aber es sollte die Ausnahme bleiben, daß die stille Zeit deshalb an einem Tag ausfallen muß.
Im übrigen dürfen wir zu jeder Zeit, im Haus und zwischen unserer Arbeit im Geschäft, Gedanken nach oben schicken, darum bitten, daß uns Kraft zufließt, danken für gut durchgestandene Stunden, denn es gilt auch heute noch in unserer drängenden Zeit: bete und arbeite. Meine Lösung für diese Frage heißt also: Ja zur Zeit der Stille – aber sie muß nicht auf die Minute festgelegt werden!«

Später haben wir das Problem in einem Frauenkreis besprochen und sind zu folgenden Ergebnissen gekommen:

Dauerverbindung mit Gott:

Das Reden mit Gott soll keine Pflichtübung sein, sondern Befriedigung eines Bedürfnisses und Hilfe zur Bewältigung des Alltags. Dieses Bedürfnis wächst in dem Maß, als wir uns um dieses Reden bemühen; Gott hört immer zu.

Er geht neben mir, wenn ich zum Beispiel einkaufen gehe. Unterwegs kann ich einen Gedanken nach oben schicken, etwa daß ich meine Kinder seinem Schutz anbefehle. Selbst wenn ich mit dem Auto fahre, genügt ein kurzes Drandenken, um die Verbindung nach oben herzustellen. Danach empfinde ich jedesmal eine gewisse Erleichterung, denn dann habe ich die Verantwortung dem Allmächtigen übergeben, der alles mit einem Blick übersieht und die Weichen stellen kann, falls unseren Kindern oder Angehörigen etwas Böses nahen sollte.

Er ist gegenwärtig, wenn ich einer Tätigkeit auswärts nachgehe. Da wandern meine Gedanken zwischendurch zu denen, die unterwegs sind. Bei mir ist es mein Mann und unsere Angestellten. Daher bitte ich in Gedanken um gnädige Bewahrung vor Unzuträglichem. Und auch wenn wir unsere Arbeit im Haushalt machen, können wir kurz innehalten und die dringendsten Sorgen mit ihm besprechen. Ich für meinen Teil bin immer froh, daß ich das Geschirr noch mit der Hand abwasche; es ist für mich eine Zeit des innerlichen Ausruhens, des Nachdenkens, des stillen Betens.

Zur Dauerverbindung mit Gott gehören Tag und Nacht. Wenn ich nachts aufwache, sage ich ihm meine Sorgen – es können Geldsorgen sein, Sorgen wegen der Aufträge, wegen des Personals, Sorgen um die Kinder wegen der Schulprobleme, Sorgen um unsere Mirjam. Da übergebe ich ihm dann die Verantwortung wegen der längst fälligen Herzoperation Mirjams; er soll uns Zeit und Kraft geben, dieses

Vorhaben durchzustehen. Oder er kann helfen, daß sie ohne Operation auskommt. Ich will abwarten, was er gibt, das eine oder das andere. Vielleicht will er auch etwas ganz anderes tun?
Manchmal fühle ich tagsüber eine große Lust, für diesen oder jenen Menschen, für dieses oder jenes Problem zu beten. Da nehme ich mir dann auch die paar Minuten Zeit und erbitte das, was mich so sehr bewegt hat. Wir unterhalten also die Dauerverbindung überall und wo wir sind, indem wir ständig mit Gott sprechen.

Und nun die stille Zeit überhaupt

Für die einen ist der Morgen dazu am besten geeignet, für die anderen der Vormittag, wieder andere finden dazu am Abend Zeit. Unsere Kraftquelle ist das Wort Gottes. Für mich ist es überhaupt die Quelle zur Bewältigung aller Probleme. Wer dieses Vermächtnis Gottes mit Interesse und Verlangen liest, sieht sich gar nie allein. Für jedes Vorkommnis unseres täglichen Lebens steht eine Hilfe in der Bibel. Um diese Hilfe zu erkennen und zu erfahren, sollte man viel darin lesen. Besonders die Psalmen sind eine Stärkung und Belebung ohnegleichen.
Ich möchte behaupten, wem die Psalmen, die leicht verständlich sind, gegenwärtig sind, der fehlt in seinen Entscheidungen nicht so leicht. Sie sind eine Basis, von der aus unsere Überlegungen gesteuert werden.
Ich halte zwischen dem Lesen immer wieder inne und denke darüber nach. Der Heilige Geist, der Geist Gottes, führt uns an der Hand, zeigt uns für unseren besonderen Fall die sinnvolle Anwendung seines Wortes, und so können wir unser Leben mit Weisheit und im Sinn Gottes und Jesu leben. Dies ist der tiefere Sinn der richtigen Anwendung des Wortes Gottes im täglichen Leben: Die Schritte jedes Menschen sind vor Grundlegung der Welt vorge-

zeichnet – das richtige Verstehen des Wortes Gottes leitet zum richtigen Handeln, es bestimmt unseren Wandel. So gütig ist Gott, daß er uns vor seinem Wort nicht allein und nicht ohne Verständnis läßt. Er sieht unser aufrichtiges Bemühen und gibt uns durch seinen Geist die richtige Betrachtung. Das ist wunderbar; seine Liebe zu uns Menschen kann nicht anders.

Zum Gebet

Ich habe immer fest im Gedächtnis, um was ich Gott und Jesus mit allem Nachdruck bitten möchte, was ich ihm ganz besonders ans Herz legen muß. Zwar weiß er schon im voraus, was wir auf dem Herzen haben; doch will er gebeten sein, er will, daß wir uns ins Gebet vertiefen; er will unser Aufschauen ins Unsichtbare. Unser Wandel soll im Himmel sein. Das ist damit gemeint.

Zuerst danke ich von Herzen für die Bewahrung am Tage und in der Nacht. Wenn mich aber Leid getroffen hat, sollte ich danken, daß Gott auch diese Not in seinen Plan eingebaut hat mit dem Ziel für mich, sei es Prüfung oder Zurechtweisung oder auch Strafe. Auch ein Unglück können wir dann – trotz allem Leiden – aus seiner Hand nehmen.

»Ich weiß«, sage ich dann, »daß Dein Engel unser Haus und seine Bewohner gnädig bewacht hat. Es ist ein neuer Tag angebrochen, und Du willst, daß ich ihn so verbringe, daß alles zu Deiner Ehre ist. *Ich* will es auch so. Aber zeige mir, wie ich es machen soll. Ich von mir aus bin unfähig, alles zu beachten, alles recht zu machen«. Es stimmt nämlich schon, wenn es heißt: »Ohne mich könnt ihr nichts tun«. Und hier hinein kommt dann auch gleich die Bitte: »Verzeih mir die verborgenen Fehler. Hilf, daß ich demütig auf Dich merke, daß ich mich vorher besinne, ehe ich dem Bösen Gehör geben will, Unwahres sagen, anderer Fehler nicht zum Guten wenden, mich unerlaubt aufregen und ärgern will.

Gib mir Geduld mit all den Nächsten, Mitarbeitern, die ge-

rade das hintertreiben, was ich vorwärtstreiben will. Gib Geduld und Gleichmut mit Mitbewohnern, Nachbarn und anderen, die mir begegnen.
Halte mich zurück, wenn ich bei unverschämten Anforderungen aufbrausen will und laß mich im Aufblick auf Dich möglichst alles gleichmütig ertragen. Gib mir Geschick im Umgang mit den Kindern.«
Hier ist es wichtig, daß schon die Kinder anhand täglicher Ereignisse an Gottes und Jesu Sinn alles beurteilen lernen: klein das Kleine, groß das Große. Auf die äußeren Einflüsse, die auf Kinder einwirken, müssen wir acht geben. Gott hat uns eine Verantwortung für unsere Kinder gegeben. Wir müssen die Einflüsse auf sie beachten. Welcher soll das Übergewicht behalten?
Ich möchte nochmals sagen: Man wird selten eine falsche Entscheidung treffen, wenn man das Wort Gottes ständig im Gedächtnis hat. Und wenn wir uns falsch entscheiden, dann kann Gott unseren Weg plötzlich oder auf lange Sicht anders führen und uns so korrigieren. Vielleicht läßt er uns auch scheitern, um uns dahin zu führen, wo unser Platz ist. Wir müssen nur für seine Korrekturen offen bleiben. Durch diese Umwege lernen wir immer. Deshalb ist es so ungeheuer wichtig, daß man jeden Tag eingehend damit umgeht, sich Gedanken macht, und sie auch aufschreibt. Ohne Aufschriebe komme ich nicht aus. Wenn mir morgens etwas wichtig erscheint, schreibe ich diesen Eindruck auf, damit ich etwa abends daran in Ruhe weiterdenken kann, damit dieser gute Gedanke Gestalt gewinnt, abgerundet werden kann; dann kann er ins Gedächtnis aufgenommen werden. Das nächstemal, wenn wir ihn brauchen, ist dieser Gedanke dann gegenwärtig.

Gebet um meine und anderer Menschen Vergebung und Errettung
Es gibt in unserer Umgebung immer wieder Menschen, die uns alles Mögliche antun müssen, die uns schädigen, die

unehrlich sind. Ebenso können *wir* Menschen verletzen – willentlich, aber auch unabsichtlich. Wir brauchen alle die Vergebung. Deshalb bitten wir, daß wir alle das Böse erkennen, daß wir umkehren dürfen. Gott hat Tausende von Mitteln und Wegen, um uns zur Besinnung zu bringen. Wir dürfen nicht müde werden!

Dankgebet für Gesundheit

Im Grunde fühlt man sich gesund – aber man könnte ja auch eine schleichende Krankheit haben. Die Angst kriecht in einem hoch, und man hat plötzlich keinen Halt mehr. Sicher ist mancher von uns, nicht nur ich, schon einmal in dieser Lage gewesen. Mir ist der 91. Psalm zum Trost und Halt geworden: »Er wird dich mit seinen Fittichen decken und deine Zuversicht wird sein unter seinen Flügeln. Seine Wahrheit ist Schirm und Schild, daß du nicht erschrecken müßtest vor dem Grauen der Nacht, vor den Pfeilen, die des Tages fliegen... vor der Pestilenz, die im Finstern schleicht, vor der Seuche, die im Mittag verderbt. Ob tausend fallen zu deiner Seite und zehntausend zu deiner Rechten, so wird es doch dich nicht treffen.«
Das glaube ich, denn Gott will nicht den Tod des Sünders, sondern daß er lebe und sich bekehre. Wenn wir uns mit allem an Jesus Christus halten, werden wir ganz sicher nicht verderben. Wir müssen nur wissen, daß Gott zulassen kann, daß unser Leben hart ist und wir – menschlich gesprochen – verderben. Denken wir nun allein an alle Christen, die ihr Leben im Dienst Gottes verloren haben! Nicht verderben heißt, daß Gott uns das ewige Leben verheißt und zusagt. Entscheidend ist nicht das Ende unseres Lebens hier, sondern wie wir bei IHM aufgenommen werden. Nicht verderben heißt auch, für die augenblickliche Situation jeweils Kraft zu bekommen von Gott – in aller Not.
Und Psalm 139, Vers 2-5: »Ich sitze oder stehe auf, so weißt du es; du verstehest meine Gedanken von ferne. Ich gehe

oder liege, so bist du um mich und siehst alle meine Wege. Denn siehe, es ist kein Wort auf meiner Zunge, das du, Herr, nicht alles wissest. Von allen Seiten umgibst du mich und hältst deine Hand über mir.«
Er weiß alles, was in meinem Körper vorgeht. Warum sollte ich nicht glauben, daß Gott mich trotz allem erhält? Wenn auch manches Leid und manche Sorge auf uns hereinbrechen, so sollten wir sie im Aufblick auf ihn gern tragen. Diese Nöte sind für einen Christen vorausgesagt; es ist der Leidensrest, der für uns aufbewahrt ist, damit wir Jesus ähnlich werden können. Aber es heißt dann im 91. Psalm: »Er begehrt mein, so will ich ihm aushelfen, er kennt meinen Namen, darum will ich ihn schützen.« Brauchen wir noch mehr?

Angst befällt uns vielleicht auch wegen unserer Kinder, etwa wegen ihrer Schulnöte. Es ist ein großes Unrecht, wenn wir diese Sorgen so groß werden lassen. Lesen wir Psalm 139, 16. Wie wird da das Kleine so klein, das Große so groß. Hier gibt es dann eine Verlagerung der Schwerpunkte. Die Schulprobleme werden dann kleiner. Am ersten wollen wir nach dem Reich Gottes trachten und ihm das übrige anheimstellen. Dann wird das auch recht. Befehlen wir allen Ernstes unsere Kinder und unsere Männer Gott an: er möge sie bewahren. Beten wir lieber am allerersten für die Erweckung unserer Kinder, auch aus Anlaß der Schulschwierigkeiten, daß sie den Helfer für ihre Sorgen finden mögen.

Bitte um Gnade zur Buße

Im letzten Jahr hieß der Jahresspruch: »Weißt du nicht, daß dich Gottes Güte zur Umkehr leitet?«
Manchmal wird mir deutlich bewußt, daß ich etwa in der Kindererziehung große Fehler gemacht habe. Heiß steigt es in mir hoch, daß manche Fehler nicht wieder gutzumachen

sind. Womöglich müssen die Kinder für ihr ganzes Leben unter diesem oder jenem Versäumnis der Eltern leiden. Diese Erkenntnis ist Gnade zur Buße. Wie hat es angefangen mit meinem Versagen? Wenn man so zerknirscht ist und nicht recht weiß, wohin mit den Scherben, dann können wir sie unter dem Kreuz abladen und aufrichtig sagen: »Es tut mir sehr leid, daß ich nicht aufmerksamer war, daß ich mich nicht von Dir führen ließ. Dein Wille will kein Unheil.« Und sogar im Unglück sind wir glücklich, weil wir unser Innerstes dem Allmächtigen ausschütten konnten, der uns hört, auf jeden Fall. In diesem Ausschütten liegt ja schon die Erleichterung: nichts mehr für sich behalten.

Dann aber wirkt die Gnade weiter; wenn wir fest glauben und mit Gottes und Jesu Allmacht rechnen, läßt er sich bitten. Auf irgendeine Art glättet er auch alte Fehler und führt uns und andere Menschen zielsicher auf seinem Weg. Wenn wir etwa an jemandem gefehlt haben, führt Er uns – so es Sein Wille ist – mit ihm zusammen, so daß wir alles gutmachen können. Es ist dann im Endeffekt so, als ob von Anfang an alles nach Gottes Willen verlaufen wäre. Das verleiht uns großen Trost.

Weil wir eben immer wieder Fehler machen und alle Folgen haben, ist öfter die Buße angebracht und wirklich ein großes Glück. Deshalb erbitten wir uns ernstlich die Gnade zur Buße.

Ein Beispiel haben wir an David. Nach seinen Verfehlungen gab ihm Gott Gnade zur Buße (Ps. 51). Nach dem Gesetz des Alten Testaments mußte zur Sühne aber sein Sohn sterben. Für unsere Sünde und Verfehlungen ist Christus am Kreuz gestorben. Er vergibt uns auch, wenn wir ihm ohne allen Vorbehalt unser Herz ausschütten, weil wir unsere Sünde erkannt haben. Dazu ist Jesus Mensch geworden und gestorben, daß er uns als Allmächtiger, der zur Rechten der Kraft sitzt, Vergebung unserer Sünden und Verfehlungen erteilen kann, das Alte vergehen läßt und al-

les neu macht. Dazu hilft uns auch das Abendmahl. Wir dürfen jeweils neu anfangen und sehen, wie er alles fein ordnet, was uns so bedrückt hat.
Am Schluß steht die ganz große Bitte aus Psalm 139, 24: »Und siehe, ob ich auf bösem Wege bin, und leite mich auf ewigem Wege.« Wir sind uns immer so sicher, daß wir auf dem guten Wege sind. Der Psalmist aber ist demütig und sagt, Gott möge sehen, ob er auf einem bösen Wege gehe. So klein und demütig wollen wir auch sein und sagen: »Auch heute wirke auf mich mit deinem Geist, bewege alle meine Sinnen und meinen Willen, dann geht nichts verkehrt, denn Gott ist in mir, und ich handle nach seinem Willen.« Das ist der Idealzustand eines Christen.
Wenn wir alles durch Jesu Hände gehen lassen, bin ich ganz gewiß, daß wir in sein Reich kommen und ihn sehen werden. Kleines und Großes ihm sagen, mit ihm besprechen; das tröstet uns hier und rettet uns für dort. Wenn wir einst in die Ewigkeit kommen, kennt er uns an dem, was er in und an uns gewirkt hat.
Aber wir müssen nachdenken und uns die Mühe machen, denn es kann sich niemand entschuldigen, er habe keine Zeit gehabt. Manchmal habe auch ich sehr wenig Zeit. Aber ich gebe mir immer Hilfen, zum Beispiel: daß ich ein Lied oder einen Vers aufschreibe und an eine Stelle lege, wo ich immer wieder vorbeikomme. Ich lerne es dann im Laufe einer Woche auswendig. Das gehört zur Dauerverbindung. Im Augenblick lerne ich das Lied: »Wer weiß, wie nahe mir mein Ende...« Jeden Tag einen halben oder einen ganzen Vers, das genügt nebenher.
Das soll kein Patentrezept sein. Vielleicht aber machen auch Sie sich diese kleine Mühe. Gott gibt gewiß seinen Segen dazu – und wir sind dabei glücklich. Solche Abende werden dann mit einem herzlichen Gebet geschlossen. Bewegt trennen wir uns nach den in Jesu Geist verbrachten gemeinsamen Stunden. In dem Bewußtsein gegenseitigen

Einfühlens und Mittragens werfen diese Abende für die nachfolgenden Wochen noch manches Licht auf den dunklen Weg. Ich bin auch sehr dankbar, daß Mark diese meine Mitarbeit im kirchlichen Kreis nach besten Kräften unterstützt; auch er tut treu seinen Dienst am Wort. Manche Frauen haben in dieser Hinsicht sehr schwer zu tragen. Oft werden sie mit allen Mitteln daran gehindert, an den Abenden teilzunehmen. Da wird dann die Not groß. Aber wir haben erfahren, daß durch viel Gebet und Ringen Gott manchmal unverhoffte und glückhafte Wendungen gibt. Damit dürfen wir rechnen, auch wenn es inzwischen durch notvolle Zeiten geht.

MIRJAM *Sommer 78*

Mirjam ist jetzt zwölf Jahre alt. Sie kommt gut voran und ist ein nettes Mädchen. Sie ist und bleibt aber ein Kind. Das ist das Schwere, das wir oft fast nicht ertragen können. Die anderen Kinder wachsen heran und werden irgendwann einmal selbständig und können, je älter sie werden, desto mehr für sich selbst sorgen, selbständig denken, selbständig handeln. Dazu erzieht man sie, dazu entwickeln sie ihre Persönlichkeit.
Aber wir haben in Mirjam immer ein Kind, für das wir sorgen müssen, das wir überall mitnehmen müssen, wenn wir fortgehen, für das wir nach einer Aufsicht suchen müssen, wenn es einmal nicht mit dabei sein kann, stets sorgen, helfen, tragen und seine Schwachheit mitbedenken. Da sind uns oft enge Grenzen gesetzt. Ich habe viel darüber nachgedacht, warum uns diese Grenzen gesetzt sind, und habe herausgefunden, daß sie einen gewissen Schutz für unsere gesamte Familie bedeuten. Sie zersplittert zum Beispiel nicht so leicht, wir hängen nicht gegensätzlichen Interessen

nach. Wie oft höre ich, daß Eltern und Kinder einer Familie fast nie beisammen sind. Das ist bei uns nicht so. Es gibt eigentlich kaum einen Abend, an dem wir nicht beisammen sind, miteinander sprechen und einander erzählen. Das ist ein großer Vorteil in unserer bewegten Zeit, in der die Verlockungen so vielfältig und reizvoll sind. Mirjam dankt uns diese Rücksicht durch ein ausgeglichenes freundliches Wesen. Oft ist sie sogar recht fröhlich. Da setzt sie sich bei schönem Wetter auf die Gartenschaukel und singt ihr Lieblingslied: »Ich singe dir mit Herz und Mund...« Sie macht alle Verse durch und fängt dann wieder von vorne an. Weil dieses Lied Mirjam so große Freude macht, habe ich mit Martins Klavierlehrerin gesprochen, daß sie ein Choralbuch besorgt und er die Melodie üben kann. Er hat es bereits gelernt, und so spricht sie ihn immer wieder darauf an.

In unserem Bekannten- und Verwandtenkreis gibt es eigentlich niemanden, dessen Zuneigung sie nicht gewonnen hätte. Alle mögen sie gern. Vor allem ist es kaum möglich, in ihrer Gegenwart zu streiten. Auf geheimnisvolle Art wirkt sie ausgleichend, daß die Jungen sich – droht doch einmal ein Streit zu entstehen – sofort ihr zuwenden und ihr irgend etwas Nettes sagen. Alles Böse scheint sich vor ihr zu zerstreuen. Der Engel des Herrn, den ich in ihrer Nähe spüre, leidet Gezänk und Streit nicht. Und weil er aus Gottes ewiger Liebe heraus ihr steter Begleiter ist, tritt das Böse in den Hintergrund, und Liebe und Freundlichkeit behalten die Oberhand.

Gerade heute morgen habe ich eine ganz besondere Freude erlebt. Das Kind, das wir jeden Morgen abholen und mit Mirjam zum Bus bringen, sagte beim Einsteigen in unser Auto zu seiner Oma: »Oma, bete heute mittag auch wieder für mich.« Ja, Gott findet bei diesen Schwachen eine offene Tür. Andere Kinder sind oft schon morgens angefüllt von Plänen und Sorgen, daß der Gedanke an Gott fast nicht den Weg zu den Kinderherzen finden kann. Heute morgen

hatte zum Beispiel unser Micha ziemlich große Angst vor einer schweren Physik-Arbeit. Er meinte, seinem Eindruck nach gäbe es eine schlechte Note.
Den Ausspruch des behinderten Kindes möchte ich als Freude am heutigen Tag im Herzen behalten. Diese Freude wurde zwar beinahe sofort verschüttet, weil danach im Büro wieder so viel auf mich einstürmte, daß ich die kleine Szene fast vergessen hätte.

SCHLUSS

Zum Schluß überdenke ich im Angesicht Gottes nochmals alles, was ich geschrieben habe. Ob wohl aus den erlebten schweren und harten Tagen Frucht für die Ewigkeit herausgewachsen ist? Jeder Tag und Augenblick ist aufbehalten und wird in der Ewigkeit wieder vorkommen. Es wird die grandioseste Schau aller Zeiten sein, wenn alle Tage dieser Erde gezeigt werden. Dann wird auch offenbar, in welcher Weise jeder Mensch sein Leben verbracht hat. Die Zeit, in der ein Mensch auf dieser Welt lebt, ist seine Gnadenzeit. Wenn sie vorbei ist, ist sie für immer vorbei; sie kommt nicht ein zweitesmal, und man kann nichts wieder gutmachen, was man versäumt hat.
Ich denke so oft an den Vers: »Nur was du dem Himmel lebst, dir an Schätzen dort erstrebst, das ist Gewinn.« Das erinnert mich immer wieder an den Wert des gegenwärtigen Tages, der jetzigen Stunde. Wir leben zu unserer ewigen Freude oder aber zu unserer ständigen Schande.
Es werden an dieser Schau alle Menschen, die auf dieser Erde gelebt haben, teilnehmen. Die einen werden vor Selbstanklagen fast vergehen, daß sie es nicht wie gewünscht und erhofft angetroffen haben. Die anderen werden nicht aufhören können, Gott zu loben und zu preisen, daß sie seinem Zug in ihrem Herzensgrund gefolgt sind

und immer neue Glückseligkeit genießen dürfen. Diese Glückseligkeit ist so vollkommen, wie sie nur der vollkommene, in Jesus Christus geoffenbarte Gott, zu verleihen mag.

Reizt es uns deshalb nicht, den täglichen Kampf des Glaubens recht zu kämpfen, um die Sieger- und Ehrenkrone einst zu empfangen und heller als die Sonne zu leuchten?

Der Kampf ist aber, das weiß ich aus Erfahrung, oft hart. Man braucht Ausdauer, und es geht manchmal bis an die äußerste Grenze der Kraft. Es gibt da Tage, an denen ich oft auf meine Knie falle, um entweder heiß um Hilfe zu flehen, oder dann auch wieder um überströmend für die oft schnell erfahrene Hilfe zu danken. Dieser Dank leidet keinen Aufschub, denn ich möchte es ja nicht wie die neun Aussätzigen machen. Nur nicht sagen, heute abend reicht es auch noch, ich habe jetzt keine Zeit. Nein, sofort hingehen und sich bedanken. Heute abend wird es nämlich bestimmt nichts mehr damit. Das Verschieben und dann Vergessenlassen und Ablenken gehört mit zu den gemeinsten Listen des Teufels.

Es ist mir gerade in der letzten Zeit so wichtig geworden, was in 2. Timotheus 2,5 steht: »Und so jemand auch kämpft, wird er doch nicht gekrönt, er kämpfe denn recht«. Recht kämpfen heißt also täglich alle Kraft zusammenfassen und sich auf das eine Ziel zu konzentrieren, sich den Problemen offen zu stellen, sie in Gottes Namen anzupacken und ohne Furcht im Glauben durchzukämpfen und durchzustehen. Kürzlich sagte ich: »Herr Jesus, du siehst, ich sitze richtig in der Patsche. Ich sehe keine Möglichkeit, aus ihr herauszukommen. Ich bin auch zu müde zum Kämpfen.« Ich war sehr verzagt und wollte alles laufen lassen wie es halt lief. Da las ich in den Predigten des englischen Evangelisten Spurgeon am Ende einer Zeile das Wort *Glaube*. Und in diesem Moment ging mir die ganze göttliche Fülle dieses

Wortes in seinem Wesen neu auf. Ich konnte sofort unumstößlich glauben, daß Gott sein Werk, das ich vielleicht etwas anders aufgefaßt hatte, zu seiner Ehre hinausführen werde. Ich sah auch ganz klar vor mir, auf welche Weise er dies tun würde. Es war keine Frage mehr. So kommt es nach oft zähem Ringen und Kämpfen immer wieder zu einem Durchbruch, bei dem man Gottes Liebe und seine unaussprechliche süße Nähe erfahren darf. Dann ist man so froh, daß man mit Gottes Beistand durchgehalten hat. Und merkwürdigerweise ist man dann auch nicht mehr müde, sondern neu gestärkt, weil im Glauben gestärkt, und neu gerüstet für neue Situationen und Aufgaben. Mag kommen was da will: Mit Jesus Christus kann ich über Mauern springen.

Elisabeth Ditzenbach
Geliebte Mirjam
Aus dem Tagebuch einer jungen Familie
136 Seiten, gebunden DM 9,80

Die ersten Jahre mit Mirjam schildert Elisabeth Ditzenbach in ihrem Buch *Geliebte Mirjam*. Die Freude der glücklichen Eltern, denen nach zwei Buben als drittes Kind ein Mädchen geboren wird, verwandelt sich in Schrecken und Angst, als sie begreifen müssen, daß Mirjam ein hirngeschädigtes (mongolides) Kind ist, das sich nie »normal« entwickeln wird. Verzweiflung will aufkommen. Warum schickt Gott dieses Leid? Vielleicht geben die Worte der Schwester eine Hilfe: »Eine solche Aufgabe kann Gott nur Leuten wie euch geben. Andern gibt er sie nicht.« Wenn das wahr wäre, fragt sich die Mutter. Wenn man es von dieser Seite nehmen könnte, dann wäre ja alles gar nicht sinnlos, dann wäre es ja von höchster Hand gesteuert. So bekennt sich die Mutter auch nach außen hin zu diesem Kind, gegenüber einer unverständigen und unbarmherzigen Umwelt. Die Liebe der ganzen Familie trägt dieses Kind. Es wird ganz in den Tageslauf einbezogen und jeder Fortschritt im Wachstum (die ersten Schritte, die ersten Worte) wird mit Freude begrüßt. So kann die Mutter am Ende dieses Tagebuches, das einen Zeitraum von vier Jahren umfaßt, schreiben: »Wenn mir manchmal die Last schwer wird und ich mit meiner Verantwortung für alles mögliche so allein bin, nehme ich Mirjam an die Hand und wir setzen uns zusammen ins stille Wohnzimmer. Ich lege meinen Arm um sie, und wir genießen einander. Dann überkommt mich meist eine befreiende Ruhe, die eben dieses Kind ausstrahlt, und ich kann meine Aufgaben überdenken. Es ist mein Ruhepunkt.« *Christ + Buch*